ほら　起きて！
目醒まし時計が
鳴ってるよ

★
スピリチュアル・カウンセラー
並木良和

風雲舎

憶えていますか？
あなたが生まれてくる前に、
今世、本来のあなた自身である宇宙意識に目を醒ます準備ができたときに
鳴るように設定してきた目醒まし時計のことを……。
そして、この本が、その目醒まし時計であることを……。

（はじめに）

誰でも必ず幸せになれる

あなたは今どのような人生を送っていますか。

生き生き暮らしていますか。重苦しいですか。たとえあなたがその人生に満足できず、この先まったく希望が見出せずにいるとしても、あなたには必ず幸せになる道が待っています。なぜなら今の人生は、あなたが覚えていようといまいと、自分自身が選択してスタートさせたものだからです。あなたは、両親も、家庭環境も、性別も、自分であらかじめ決めて生まれてきました。あなたを守る守護霊《ガイド》たちとともに、過去世から持ち越した様々な課題をもとに今世での目的を定め、最大限の成長を遂げるためにこの人生をスタートさせたのです。

にもかかわらず、多くの人たちがこんな人生は嫌だと不満を言い、こんなはずではなかったと嘆いています。生まれかわり・輪廻転生の基本的な約束事である「忘却のベール」（この世に生まれる際に、前世のことをすべて忘れる）を抜けてきた結果、自分で今の人生を選択したことをすっかり忘れてしまったからです。

僕はスピリチュアル・カウンセラー（霊能者とも呼ばれます）をしています。日々、多くの人が「幸せになりたい」「問題を解決したい」「望みをかなえたい」と、恋愛・家族・友人・仕事・健康・自己実現などありとあらゆる問題に対して、自らを守護するガイドたちからのアドバイスを聞きたいと、あるいはまた、すでに亡くなられ霊界へ渡ったご家族などとコンタクトをとりたいと、僕のところを訪れます。僕の役目は、その方とガイド、あるいはこの世とあの世の橋渡しをすることですが、そうしたクライアントの方々からもたらされるあまりに多くの不満や嘆きに、これは一体どうしたことだろうと首をかしげることが珍しくありません。

だんだん明らかになってきたことがあります。それは、僕の今世での役割が人々の魂の目醒めをサポートするということでした。今のこの時期は、みんなが一斉に目醒める時なのです。僕も自分の役割のためにこの時期をあえて選んで生まれたのですが、皆さんも永い眠りからの目醒めを体験するために、わざわざこの時期を選んで生まれてきたのです。

実のところ、向こう側の世界では地球への転生を願う魂たちが順番待ちをしている状態です。肉体を持って地上での暮らしを体験したい、地球という次元での大変革を経験したいと希望する魂が列をなしています。ところが人数が限られていて、望んでも生まれてくることができない魂もいます。この歴史的な変容を、肉体を持ったまま体験するために生まれてくることは、それほど幸運なことです。肉体を持ってこの地球の暮らしを直《じか》に味わうことは、それほどの楽しみなのです。

ところがせっかく生まれてきながら、どうしたらそれを味わえるのか、その方法がわからないという人が大勢います。波動を上げるとはどういうことか、宇宙意識に還るとはどういうことか、それがわからない人が大勢います。だから波動の上げ方はこうですよ、宇宙意識に還る方法はこうですよ、と教える僕のような役割の者が現われます。もちろん、その方法は一つではなく様々です。また僕のような人間はたくさんいます。僕の役割は、生まれてきたことの本当の楽しさを教えること、さらに、「今こういうことが起こっています」とお伝えし、これから起こる大変革の混乱を少しでも減らすことです。

正直いえば、そのような役割を担うという自信が初めからあったわけではありません。そのような役割が自分に務まるのだろうかと、弱気になっていたこともありました。自分個人の幸せはどうなるのだろう、と不安になったからです。自分なりに一人の人間としてこの世を楽しみたい、この世の様々なことを味わって遊びたい、たとえば結婚して家庭を持ってみるとか、人並みの幸福を願う気持ちを持っていました。それはまだ僕が目醒めていなかった頃のことです。ところがだんだん自分の意識が変化してきて、（特別な意識ではなく）自分が他の人と違っていると気がつくようになると、そういうところに意識が向かなくなったのです。

小学校四年生の頃ですが、クラスメートが宇宙飛行士になりたい、芸能人になりたいと将来を語って目を輝かせているとき、僕は霊能者になりたいと言って、「おまえ、バカか」と笑われていました。本当の自分は何なのだろう――その答えは、きっとどこかにいる霊能者に出会うことでわかると思っていたのです。

霊能者――この感覚をなぜか僕は生まれたときから持っていました。この能力が発現されていない頃から、なぜか霊能者になると心に決めていました。親にもはっきりそう言い、友達には、山に籠《こも》って修行したいと言っていました。生まれながらにインプットされたものがあって、今世でなすべきことは霊能者だと信じて疑わなかったのです。

とはいっても、まだ目醒めていなかった頃は自分の居場所が定まらず、気持ちがぶれていました。ぶれると葛藤《かっとう》が起きます。悩んだり、自分が何者であるのかをどう受けとめればいいかに苦しんでいました。高校二年の秋のことですが、そのモヤモヤした気持ちをガイドにぶつけたことがありました。

「なぜこんなにつらい思いをしなければいけないのですか？　なぜこのような人生を生きなければいけないのですか？」

そのときはまだガイドたちとのスムーズな意思疎通ができていなかったにもかかわらず、とても落ち着いた、それでいて慈愛に満ちた、

「お前は、自分の意志で今回の人生を選んで生まれてきた。なれば、お前自身が幸せになる道を用意してこないはずがなかろう」

という声が返ってきたのです。

それを聴いたとき、自分の中で憑《つ》きものが落ちたように何かが外れ、とても楽になりました。友達がサッカー選手になる、宇宙を目指す、俳優になると夢を高らかに語り、その選択肢の広がりを楽しんでいるのを横目に、僕は霊能者になるという気持ちをますます強くしました。それ以来、人生に対する見方と感じ方が変化し、軽やかな気持ちで生きていくことができるようになりました。自分を認め、受け入れたことで、静止していた何かが動きはじめ、様々な出会いや出来事が起こり、僕はだんだん「本来の自分」に出会うことができるようになったのです。

現在の自分を否定すると、人生は停滞し進まなくなります。現在の自分を肯定できるようになれば、人生は動きはじめます。だから誰に認められなくても、あなた自身はあなたを認めてあげることが大事です。誰が信じなくても、あなた自身があなたを信じてあげてください。それが「あなたの本当の幸せ」への道を拓《ひら》く鍵になります。

本書は僕にとって最初の本です。そろそろ書いてもいいというお許しを上のほうからいただいたことで、「書かせていただこう」と決心しました。僕自身が「本来の自分」に目醒めたプロセスを通して、またスピリチュアル・カウンセラーとして日々クライアントさんと接するなかで気づいた幸せへのヒントをお伝えできればと思います。今悩み苦しんでいるかもしれないあなたのお役に立てれば幸いです。

あまりにも突飛、これはあり得ないと思われるところもあるかもしれませんが、僕は、自分の真実をありのままにお伝えしたいと思います。読み進めるなかで、あなたに響くところは受け入れ、そうでないところは切り捨ててください。

「いつも　あなた自身の心の声を信頼してください」

これこそ僕が最も伝えたいことですから。

二〇一五年二月二十五日

並木良和

『ほら起きて！　目醒まし時計が鳴ってるよ』……………目次

カバー写真……………………落合　淳一
カバー装幀……………………山口　真理子
本文挿し絵……………………なかひらまい

（第1章）

宇宙意識とは？

ありのままの自分でいられる場所

まず次のようなイメージからスタートしましょう。

あなたはいまプラチナ・シルバーに輝く宇宙のフィールドに立っています。

宇宙のフィールドは、地球の大気圏の外側にあります。大気圏までは地球の領域なので、あまり周波数の高いところではありません。宇宙のフィールドはその外にあります。光り輝くプラチナ・シルバーの光が溢れています。周りは果てしない宇宙空間です。

あたりを見回すと、この宇宙には自分が行ってみたい、暮らしてみたい、住んでみたいと思えるような、まるでシャボン玉のような丸い光の空間がいっぱいあるのがわかります。これらの空間は、あなたの無限の可能性を表しています。いわゆるパラレル・ワールド（平行世界）と呼ばれる次元です。

いいな、こんな中で暮らしをしてみたい——そう感じる、惹かれる空間を一つ見つけます。見つけたら、あなたが立っている宇宙のフィールドから一気にジャンプしてその空間に近づき、すっぽりと入ったら、そのバイブレーション（波動）を感じてみてください。そして、これはなんかしっくりこないなと思ったら、他の空間に移動します。移動をくり返して、バイブレーションがしっくりくる空間があれば、しばらくその中にとどまってみて、間違いないことを確認します。

そこがあなたが本当に求めていた空間です。バイブレーションがあなたにピッタリの空間です。その空間に腰を落ち着けて、ここで自分がどんな生活をしているのかを想像してみましょう。

誰と一緒に暮らしているのか。どんな仲間がいるのか。どんな生活をして、どんな仕事をして、どんなふうに歩き、どんなふうに話し、どんなふうに笑い、どんなものを口にしているのか――そうしたことをバイブレーションから想像して感じ取り、その感覚を味わってみます。

本当にしっくりきたら、その空間こそが、あなたが本来いるべき空間です。

この空間は、ただの想像の産物ではありません。あなたが本当に生きることのできる世界です。なぜなら、人間は自分にとって可能性のないことは想像できないからです。言い換えれば、想像できることは実現可能であるということです。あなたが何かを想像するとき、それはどこかの次元ですでに存在しているのだということをぜひ知っていただきたいと思います。つまり、「想像」は「創造」につながっているのです。

では、どうやってその望む世界へと移行できるのでしょうか。

それは、先ほどイメージしたと同じように、あなたが望む世界で自分がどんな言動をしているのか、食べ物は？　趣味は？　習慣は？　と想像してみることです。たとえば、あなたが俳優になりたいとしたら、すでにそうなっている世界を想像し、俳優としてどんなレッスンをしているのか、日々意識していることは何かなどを想像し、今の現実で、実際にそれをやってみることです。つまり真似してみるのです。

そうして、望む世界に生きているあなたを真似しているうちに、今のあなたと、その世界のあなたの周波数が同調してくることで、望みが現実化してくるのです。

とはいっても執着するのではなく、楽しみながら行なうことです。執着は望みをかなえるどころか、反対に遠ざけてしまいます。たとえば、不妊治療をされている方が、何年も高い費用をかけても妊娠できず、だったら子どもがいなくても夫婦二人で楽しく生きていけばいいじゃないかと治療をやめたとたん、自然に妊娠した——というような話があります。それは執着が手放されたからです。執着が外れたために、今まで手で押しやってしまっていた望みが逆にストンと入ってきたのです。つまり、望みをかなえたかったら、たとえば、彼が欲しければ、彼がいたら最高だけど、いなければいないで自由に楽しもう——くらいに、少し抜けた感があったほうが、望みはかないやすいのです。

さて、再び宇宙のフィールドに意識を戻しましょう。この時空間は、無限の可能性と情報に満ちたフィールドです。あなたがこれから本書を通して目を醒ましていくに従って、このフィールドに容易に、しっかりとアクセスできるようになり、あなたは本当に望む人生を自由に生きるとともに、今世、あなたが望む限りの霊的成長を達成していくことも可能でしょう。

ここには宇宙が持っているものと同じ情報がすべて蓄《たくわ》えられています。満ち満ちた時空間です。ここにしばらくいると、あらゆるものとつながっているという意識になります。

分離も、差別も、制限もありません。あるのは調和です。

さらにイメージを続けていきます。

フィールドに立っているあなたの身体から、ゴールドの光の波動が、湖面に伸びる波紋のように幾重にもワアーと広がり、遠くまで行きわたっていきます。それに伴い、あなたの意識もぐんぐん上昇していきます。不安や心配、恐怖や猜疑心《さいぎしん》がなくなり、気持ちがゆったりします。同時に、視界が果てしなく広がって、遠くまで見渡せます。光の波動が広がり、調和の周波数も広がって、心も平穏です。とてもいい気分です。

この時空間にいると、物ごとを簡単に実現できることに気がつきます。あれが欲しいと思うとすぐ手に入ります。こうなって欲しいと思うと、簡単にそうなります。こうしたい、ああなりたいという思いがすぐ実現します。それが本当だとだんだんわかってきます。それがわかるとかえって、あれもこれも際限なく欲しいという欲求が薄らいでいくのがわかるでしょう。なぜなら、本当に必要とするものは、いつでも手に入れられることがわかるからです。すると緊張がほどけて、安らかになります。穏やかな、満ち足りた楽しさです。

ですから、「ああ、なんて気持ちがいいんだろう……」と感じます。

あなたはこんなふうに思うかもしれません。

ここが気に入った。これからここで生きていきたい。ここに同調して生きていく。何でもやりたいことができ、好きなことができる、この次元で生きていく。このフィールドから降りたくない。

もしあなたがそう思うなら、まずは何をするときも、このフィールドを意識するようにしてみてください。食事をするときも、仕事をしているときも、入浴中も、寝るときもです。そうして時々しっかりとプラチナ・シルバーに輝くフィールドを感じてみるのです。このフィールドは、そこに乗っていることを意識するだけで、あなたと宇宙をつなぐ架け橋になってくれますから。

それでは深呼吸をしてこの感覚を心と身体に馴染ませましょう。

気分はどうですか。心地よいですか?

なぜならそこは、本来のあなたである「宇宙意識」の空間ですから。

いつものあなたとの違い

さて、ここで少し実験してみましょう。

今度は逆に、宇宙のフィールドから、あなたが慣れ親しんでいる地上のフィールドに降り立つのをイメージしてみましょう。大気圏を通り抜け、地上に降りてきます。

どうでしょう、そこはいつもと同じ馴染みのある時空間です。そのバイブレーションを感じてみてください。

ついさっきまで感じていた「ああ、気持ちがいい」というバイブレーションをあなたはまだ保っていますか。それともどこかに消えてしまいましたか？

感じてみてください。

宇宙と地上の違いは何ですか？

シンプルなことです。あなたは自分を宇宙意識の周波数に切り替えて、向こうの世界をチラッと垣間見て、また地上の周波数にチャンネルを合わせた。それだけのことです。向こうの世界が、あの何ともいえない心地よさをもたらしたのです。

「ああ、なんて自由で、気持ちがいいんだろう」という感覚、それが「宇宙意識に還る」という感覚です。簡単にいえば、それが宇宙意識そのものといえます。

この感覚を、しばらく心に留めておいてください。

大事なことは、「ああ、気持ちがいい」という広がる感覚にフォーカスし、日常できるだけ、それを感じる選択を心がけること。これを続けるだけでも「宇宙意識」につながりやすくなります。

肉体を持ったまま宇宙意識に還る

そんな話をしているとある方から、「その境地は、もうほとんど悟りですね」と言われました。宇宙意識に還ることは、いわゆる「悟り」と同じではないかというのです。通常、悟りとは、たくさんの書を読み、瞑想を重ね、ようやく得るものというイメージがあります。昔の本を読むとそうした事例がたくさん出てきます。お釈迦様は何十年も菩提樹の下で坐禅を組み、悟りを得た――という悟り方がまさに象徴的です。

地球の波動がまだ低かった時代、宇宙意識に到達してしまうと、地上と宇宙意識とではあまりに周波数が違いすぎて、肉体を維持することができませんでした。そのため、宇宙意識に到達した昔の一部の人たちは、肉体を脱ぐか、それごと光の粒子へと変換させなければなりませんでした。あとで詳しく述べますが、今この地球はかつてないほど周波数を上げ、「アセンション」と呼ばれる大転換期に入っています。これまでの地球とは一変しています。さらに、地球の周波数を上げるために、定期的に高次元のエネルギーが地球に流入し、その影響で、目醒める準備が整った人々が目醒めるために使う特殊なフィールドが形成されているのです。それが冒頭でお話ししたフィールドです。

またそれに伴い、地上の生きものたちの肉体の組成が変わりつつあります。人間のＤＮＡも変化し、現在の二重螺旋《らせん》構造から三重、四重螺旋構造、そして十二重螺旋構造へと変化していきます。実際、科学的に調べて、すでに三重螺旋構造を持つ人が現われています。さらに肉体を構成する細胞も変化しており、それが原因で、これまでなかった不可思議なことが起きています。

ひどい不調に見舞われて病院に行っても、医者から「原因がわからない」と診断されるというようなことが起きています。細胞上で変化が起こっているせいで、従来の基準に合致しないケースが出てきているのです。それはエネルギーレベルでの変化なので、何が起きているかがわからないのです。そのため医者は判断が下せない。あるいは、よくわからないという理由から、患者はどうしたらいいのかと途方に暮れる――そういう場面が多発しています。不調を感じているのに、何が起こっているのかわからないということの現象は、実は、肉体の波動調整が行なわれている真っ最中だということを意味しているのです。

つまり肉体の周波数が変わってきているのです。これまでと違い、肉体が高い周波数を受け入れられる器《うつわ》へと変化しているのです。高い周波数に到達しても、人が肉体を維持したまま生きられるように変化しているのです。

かつては高い周波数に到達すると肉体を維持できず、肉体ごと光に変換してしまいました。「光となって消えていった」というような記述が古い文献の随所に残されているのはそのためです。ある時代、ある人たちは高い周波数に到達したのですが、肉体が維持できず、光に変わってしまったのです。

「肉体を持ったまま宇宙意識に到達することができるのですか」と質問をされたことがあります。

肉体を持つというのは、欲望を持つことと同義です。お金を儲けたい、立派な家を建てたい、異性にも興味がある、地位も名誉も欲しい。そう思う一方で、意識を向上させて宇宙意識に還る――それでは矛盾しませんかという質問です。

僕は次のように答えました。

お金を儲けること、異性に興味を抱くことで波動が下がるわけではありません。反対に禁欲すれば波動が一概に上がるというわけでもありません。自分の周波数が上がれば、必然的にバランスが生まれます。するとそういうものに必要以上に執着することがなくなります。セックス依存症にしろ買物依存症にしろ薬物依存症にしろ、それはバランスを崩している状態なのです。バランスが崩れているせいで、過剰に欲するわけです。

周波数が上がり自分自身のバランスがとれてくると、そういうところに過剰に関心が向かなくなります。自然に、本来の、自分らしい在り方になっていく。それは、自分をも他人をも侵さないという在り方です。

肉体を持ったまま高い意識に上がる――そういうことは歴史上これまでになかったことです。高い意識レベルを誇ったといわれるアトランティス文明やマヤ文明では一部の人たちにはありましたが、今というこの時は、この地球上に生きるすべての存在に、その可能性がもたらされているのです。地球上のすべての存在がそうした状態を達成できる、そういう稀《まれ》な機会がやってきているのです。肉体を持ったまま高い意識で存在することも、可能な時代なのです。

だからこそ、それを経験したくて、向こう側で地球に生まれることを希望する魂が増えているわけです。同様に、地球外生命体も地球のこの変化を興味深く見守っています。

肉体を持ったまま宇宙意識で生きられる――これがこの時代の最大の特徴です。つまり大変革期なのです。アセンションという宇宙のフェスティバルの時代がやってきたのです。その大変革期の大波を受けて、不安も心配もなく、自分がなりたいものになることができ、やりたいことが何でもできる状況が生まれようとしています。それはとりもなおさず、本来の自分の可能性を最大限に生きることにほかなりません。人類史の中でこれほどの変化は未だかつてありませんでした。自分が高い周波数になって、生身のまま、僕たち人間本来の調和や幸福や喜びというバイブレーションそのもので生きられるのです。このように、肉体を持ったまま自分の周波数を宇宙意識まで高めることを、僕は「統合」と呼んでいます。

つまり、「目を醒まして生きる」「宇宙意識に還る」「それを、肉体を持ったまま成し遂げる」——それが「統合」です。

（第2章）

目醒めへの道標

一風変わった子ども

子どもの頃から僕は少し変わった子でした。霊が視え、過去世が視え、どこか普通の子とは違っていました。しかも、なりたい職業は、霊能力者でした。

僕の母方の曾祖母、そして祖母にはとても強い霊能力が備わっていました。母から聞いた話によると、曾祖母はお寺に嫁ぎ、僧侶の妻として日々檀家さんやお寺の行事に忙しくしていましたが、敷地内の井戸のあたりで人魂《ひとだま》が飛んでいるのを見て、「○○村の○○さんが亡くなったからお葬式の準備をしないとね」と突然言いだし、段取りをつけはじめたそうです。するとすぐに「○○が亡くなりましたので宜しくお願いします」と、身内の方から連絡がくる。そんなことがたびたびあったそうです。曾祖母は知らせを受ける前にそれを知ることができたのです。

その娘である祖母も、とくに霊視能力に長《た》けていました。

あるとき、祖母が家の冷蔵庫の扉を開けると、水を飲んでいる知人の姿が目に浮かびました。祖母が安否を確かめると、その方は、「水を飲みたい、水を飲みたい」と死ぬ間際に言って亡くなられたそうです。祖母もまた、知らせを受ける前にそれを知ることができたのです。

母は、祖母のそういう能力にいつも気味の悪い思いをしていたと言っていました。祖母には、霊を怖がる様子はまったくなかったそうです。その感覚を受け継いだのか、僕も初めて霊を視たときから、霊を怖いと思ったことは一度もありません。

心霊番組や心霊本などでは、エンターテインメント性を高めるための過剰な演出で、霊は怖いものと語られがちですが、実態はまったくそうではありません。夜中に電柱の前を通ると首のない女の子が手に首を持って立っていてニヤッと笑った、などということは実際にはありません。霊がなぜ僕たちの前に姿を現わすのかといえば、多くの場合、いま自分がどんな状態でいるのか、あるいは自分の想いを知ってほしいからです。

たとえば血だらけの霊が目の前に現われるのは、子どもが転んで足を擦りむいたときに、「ねぇねぇ、こんなになっちゃった……」と母親に訴えるのと同じで、その状況を訴えに来ているのです。ですから悲鳴をあげて逃げるのではなく、「あぁ、そうだったんだ……つらかったね……大変だったね」と受けとめてあげるだけで、彼らの気は済みます。血はたちまち引き、傷は癒え、満足するのです。もしあなたがその霊の立場で、誰かに自分の状態を知ってほしいと呼びかけたときに、気味悪がられ逃げられてしまったら、一体どんな思いがするでしょう。彼らは肉体を脱いだだけで、僕たちと同じ人間なのです。

霊は怖い存在ではありません

霊に対するもう一つの大きな誤解は、ネガティブなことが起こると、原因をすぐに霊と結びつけることです。「霊に憑依《ひょうい》されているから、うまくいかない」「先祖の因縁があるからうまくいかない」などと言って、自分の人生がうまく回らないことを霊のせいにしたりすることです。

僕のところに、「霊に取り憑《つ》かれているのではないか?」と怖れてやって来る方が多くいます。でも本当に憑依を受けて障《さわ》りがあるのは、一〇〇人いるとして、実際には一人か二人です。そのほとんどが、思い込みです。仮に憑依されたとしても、各自を守っている守護霊がいますので、通常の生活を送っていれば守護霊が解除してくれます。人は肉体的、あるいは精神的にバランスを崩していると、それが「エネルギー的なゆがみ」となり、そのゆがみに霊がひっかかって居すわってしまう状態が、いわゆる「憑依」という現象です。

これを踏まえると、できるだけ健康的な生活を心がけ、仕事とプライベートのバランスをとり、精神的な充実を図ることが「予防」になります。そうすればネガティブな霊と同調してしまうのを避けられます。憑依はあなたと霊との間になんの接点もなければ起こりません。

憑依が起こるのは、同調してしまうあなたの側にも原因があるのだと日頃から自分の状態を整えておくことが大切です。「類は友を呼ぶ」のは事実です。同じエネルギー同士が共鳴して引き合う「波長の法則」の働きです。つまり不安や怖れ、そして恨みや嫉妬などのネガティブな思いが様々なトラブルを引き寄せる磁石となってしまうのです。

憑依の中でとりわけ厄介《やっかい》なのが、いわゆる「生霊《いきりょう》」と呼ばれるものです。執着や強い念を持っている人が自分の魂の一部を無意識に飛ばして誰かに憑依する現象です。駅などの人ごみの中、行き交う人の肩がぶつかることはよくあります。そのとき念の強い人が「この野郎！」と睨んだ瞬間、生霊が飛び、ぶつかった人の足元に絡《から》みつき、その人は階段を転げ落ちるというようなことが実際にあります。しかし基本的に、そうして事を済ませると、生霊はスッと離れていきます。

もしあなたが生霊に憑依されているかもしれないと感じたら、静かに座り、目を閉じ、深呼吸をして、「私に、生霊が関わっているだろうか？」と心の中で自問してみるといいでしょう。関わっていれば、生霊を飛ばしてきた相手が脳裏に浮かんできます。その人があなたの知人なら、次にその人に会ったときに、心の中で「返すよ」と言ってその人になんらかの形で触れてください。腕でも肩でも背中でも。そうすると、生霊を飛ばした人にその生霊を返すことができます。ただこれは、その生霊があなたの知人で、接触できる場合に限られます。

それ以外の場合は、優秀な霊能者の力を借りる必要があります。

ネガティブな例から始めてしまいましたが、あなたの周りにはあなたを守る守護霊や守護天使（ガーディアン・エンジェル）をはじめ、必要に応じてサポートしてくれる天界の存在など、多くの素晴らしい味方がいることをまず知ってください。

宇宙とのコンタクト

母の胎内にいたときの記憶が残っています。

妊娠八ヵ月の頃です。僕は暗闇の中、不安にさいなまれ、今回の人生を始めることをためらっていました。自分で決めてきた今世での役割を果たせるかどうか不安だったのです。もう決めたことなのに……散々ガイドたちと話し合ったことなのに……。今世で取り組もうと思ってきた事柄があまりに大きく感じられ、困難なのではないかと気持ちが揺れていました。生まれたくない、帰りたい……。出産予定日の当日、僕は決断できないまま、母のお腹の中で生まれ出ることに抵抗して、三日間の籠城《ろうじょう》を決めました。しかしもはや帝王切開しかないという段になったとき、抵抗するのをやめ、産道を通り抜けました。今では生まれて来て本当によかったと心から思っていますが、そのときのことを思うと、母には本当に苦しい思いをさせてしまったという申し訳なさとともに、命懸けで産んでくれたことへの感謝の気持ちが湧いてきます。

今世をスタートさせた僕は、物心ついた頃から霊的な世界に強い関心を抱きました。自分にとってとても自然なことでした。信じる信じないではなく、霊的な世界をすでに「知っていた」のです。僕にとって本やテレビで得た知識は、すでに知っている内容を思い出すという感覚でした。

僕が最初に興味を持ったのは「宇宙」でした。宇宙は広大で、おびただしい星や惑星が存在し、この地球以外にどんな世界が広がっているのだろうと興味を惹かれたのです。その延長で宇宙やＵＦＯなどに関する本をよく読んでいて、その世界とのつながりを強く感じていました。僕は幼少の頃から、ＵＦＯは幾度となく見ていました。一般的に知られている銀色のお皿を重ねたようなものから、これぞＵＦＯという形のものまで様々なタイプのものを見ていました。多くは睡眠中の夢のレベルの体験でしたが、それはただの夢ではありません。夢の中で、実際に宇宙的な存在とのコンタクトが行なわれていたのです。

夢を見ているときの脳波は、霊的な周波数を受け取りやすい状態にあります。宇宙的な存在だけではなく、霊的な存在との交流も行なわれやすくなっています。亡くなった方が夢枕に立つという話をよく耳にしますが、それは特別な霊能力がなくても、脳波がそうした世界とつながりやすい状態にあるからです。

霊能者といわれる人たちは、幼少の頃からの宇宙とのコンタクトを通じて将来のために必要なトレーニングを受け、エネルギーの供給を受けています。僕もそういう一人でした。その事実を教えてくれたガイドたちによれば、僕は幼少の頃から宇宙的な存在や霊的な存在との交流があり、テレパシーレベルで今世の役割について様々な情報を受け取り、またこの地球でバランスをとるためのエネルギーを受け取っていたそうです。

スピリチュアルブームを経て霊を信じる人は多くなりましたが、地球外生命体の存在を信じる人は二十一世紀になってもまだそれほど多くありません。ＵＦＯには、肉眼で見えるものと見えないものがあります。霊視という感覚で空を視ると、ものすごい数のＵＦＯが滞空しているのに驚かされます。霊視の感覚を通して視ているＵＦＯは、周囲の人には見えません。かと思うと、肉眼で見えているのに、傍にいる誰も見ていないこともあり、母船のような大きな宇宙船がゆっくりと移動しているのが僕には視えているのに誰も気づかない、つまり多くの場合、こうした遭遇は観察者と宇宙船との間のコンタクトにほかならないので、他の人には感知されないのです。

古い信念や概念を手放す

ＵＦＯについては、見えないから、見たことがないから信じない――、論理的に考えて、あり得ないので信じない――。

そういう意見の人がたくさんいます。インテリといわれている人ほど、この考え方が強いようです。学校で学んだ科学、そこで身につけた合理的な思考がそうさせるのでしょう。

でも、あえていえば、そのような思考は本当の意味での発展性を阻害しかねません。僕は、守護霊や天使、地球外生命体と呼ばれる存在と長いこと付き合ってきました。井の中の蛙《かわず》は外界のことを知らないといいますが、僕はたまたま外界のことを知ったのです。それは、たとえ疑わしくても、そういうこともあるかもしれないとその可能性を締め出さなかったからだと思っています。守護霊や天使、地球外生命体と呼ばれる存在はこの時期、地球の変化を見守っていて、許されるレベルで様々なサポートをしてくれています。地球はいま大きな転換期を迎えています。世の中がどんどん変わっていることは、現在の政治・経済・気候・天災などを見渡せば明らかです。どこか通常ではなく、少なくとも「今まで」とは違う何かが起こっていると感じられるはずです。

ここで大切なのは、なぜ今こうしたことが起きているのかを、開かれた高い次元の視点で見ることです。起こっている出来事を通して、今までの物質重視・現実重視の「古い生き方」から、霊性や一人ひとりに眠る内なる無限の可能性を重視した「新しい生き方」へ意識をシフトすることです。シフトできるように学ぶことです。起こっていることを無関心にやり過ごし、目を醒まさなければ、何度でもトラブルをくり返すことになります。

もし一人ひとりが持ち合わせるパワーを怖れや破壊に使うのではなく、安らぎの中で調和や平和に向けることができれば、当たり前のように戦争はなくなり、世界に平和が訪れます。そうなれば地球外生命体たちが地球と公にコンタクトをとることさえできるようになるでしょう。けれども現状では、彼らが公に姿を見せたとたんに、人類は恐怖から、すぐに臨戦態勢に入るでしょう。彼らが公に姿を現わせない理由の一つは、それがわかっているからです。

人間が根本から意識を変え、これまでの古くて重い制限・信念・観念・概念を手放し、身軽になる時が今まさに来ています。ガイドたちによれば、これから二十年ぐらいかけて地球は大きな変容を遂げていくことになります。僕たちがその変容を受け入れていけばいくほど、変化に伴う痛みは少なくて済み、スムーズに移行することが可能になるそうです。今の世の中に起きている混乱は、このプロセスにおける「浄化」ともいえるものです。混沌とした状況はやがて素晴らしい世界につながります。嵐はやってくると周囲を破壊しかねませんが、去ったあとには快晴が広がります。

　ですから一つひとつの事柄に一喜一憂して、これからどうなるのだろうと心配したり、むやみに怖れたりするのではなく、ぶれずに、「これはこの先の素晴らしい変化につながっていくためのものだ」と、ポジティブに未来の可能性にしっかりと意識を向けることが大切です。国と国との外交があるように、宇宙との外交も始まる世の中になるとガイドたちは伝えてきています。

　あと二十年もしないうちに、開かれた素晴らしい世界が実現するかもしれないと知ったら、あなたはきっと驚くでしょう。逆に、当然そうなるだろうと感じているあなたはとても開かれた意識の人です。なぜなら意識が高くなればなるほど、この先の未来はとてつもなく良くなっていくことがありありと「わかる」ようになるからです。巷《ちまた》ではネットや様々な媒体で、いろいろな予言や憶測が飛び交っていますが、大丈夫です。地球は必ず素晴らしい方向に展開していきます。

目醒め

僕の話に戻ります。幼少期から小学校低学年にかけては、見かけと違って、非常に激しい

'72.9.12 甲寅 癸酉 丙辰

エネルギーを持っていました。といっても物を破壊するようなことではなく、どのように使ったらよいのかわかないパワーが自分の中に有り余っていたのです。ひとたび感情が爆発すると、手が付けられなくなるほどの強いエネルギーでした。それは、一旦こうだと思うと、気が済むまで絶対に引かない、そんな気性に表れていました。おもちゃが欲しいとなると、店がとっくに閉まっているのにどんどん叩いて、無理やり開けさせてでも手に入れないと収まらない――そんな子どもでした。その反面、お調子者なところもあり、人の笑いをとるのが大好きでした。

あるとき、母が高名な占い師に僕のことを相談したところ、「お母さん、この子は上手に育てないといけないよ。難しいけど上手に育てれば、将来すごい人になるから」と言われたそうです。母は、上手に育てるといってもどうしたらよいのかわからず、両親が話し合った上で、僕のしたいことは最大限させてくれました。忍耐強く、辛抱強く、応援してくれました。

サイキックな感性が開きはじめたのは小学四年生の頃でした。つのだじろうさんの『うしろの百太郎』（講談社漫画文庫）という漫画を読んだのがきっかけです。読んだとたん、「あ、これ、ぜんぶ知っている」と気がつきました。著者のつのださんは心霊研究家の面もお持ちなので、とてもリアルに感じられ、夢中になって読みました。知っていることを確認するような「思い出し読み」です。読みすすむに従い、今ある自分がガラガラと崩れ、昔あった何かが再構築されるような不思議な感覚に捉えられました。それが刺激になって、過去世で培《つちか》った様々な知識が引き出されました。自分が今世を生きるにあたって、ガイドと一緒に計画を立てていたことも思い出しました。霊的な法則、霊的な知識、それらがすでに自分の中に備わっているものとして浮かび上がってきたのです。「そういうことなんだ、そうそう、そうだったんだ……」という感覚です。それ以来ずっと、再構築の連続でした。一気に思い出したわけではありません。時間をかけながらだんだん思い出したのです。ただ、それをどうコントロールしていいのかわからず、困った場面がよくありました。

霊界への入り口

たとえば中学一年のとき金縛りに遭いました。

夜中にふと目を覚ますと、周りが異様な空気に包まれています。怖くはありませんが、ただじっとしていました。突然耳鳴りが始まり、バリバリという音とともに、身体がまったく動かなくなりました。目だけは動くので、隣に寝ている弟や部屋の様子は見えます。「これが金縛りか……」と妙に冷めた目で観察していました。サイキックな聴力が開いたのはそのときです。すると周りにたくさんの人の気配を感じます。二十名くらいの霊が一度にいろんなことを訴えてきます。我先にと何かを訴え、早口でまくし立て、まるでテープレコーダーを早回ししたような状態です。自分はどうして死んでしまったのかとか、悔いが残っているからなんとかしてくれとか、そういう話をいっぺんに聞かされてもこちらは把握できません。霊の声を聞く能力が未発達だったのです。今なら簡単にできますが、当時の僕には情報を一度にダウンロードする感性はまだ発達していませんでした。

それを皮切りに、サイキックな視覚が開きました。街を歩いていると、生きている人の間に亡くなっている人が視えたり、授業中、黒板の前に立っている先生の肩越しに人の顔が視えたりしました。半透明に視える人は生きていない人だとすぐにわかりますが、困るのは、ときどき半透明に視えない場合があることです。近くに来るまで生きていると思っていた人が、すれ違いざまに見ると足が半透明に透けているので、生きていない人だと気づくのです。こんなこともありました。授業中に突然、オレンジ色の玉が視えたのです。クラスメートのエネルギーでした。授業が盛り上がってみんなの気持ちが一つになったとき、そのエネルギーが一抱えほどのオレンジ色の玉になったのです。いくつもいくつもドッカンドッカンと浮き上がってきました。そうなると黒板が見えません。目が悪くなったんだと思って眼科に行くと、「異常はありません」です。

次に開いたのは多次元へのコネクトです。誰かが泣いています。「なぜ泣いているのだろう？」と思うと、いじめられたとか、無視されたとか、泣いている理由が映像になって視えてきます。喧嘩も同じです。「なぜ喧嘩が起きたのだろう？」と思った瞬間、その理由が映像となって出てきます。知りたいことが、時間を超えて映像となって目の前に現われるようになりました。

師匠との出会い

船越富起子《ふなこしふきこ》さんという霊能者の存在を知ったのは小学四年生のときです。中村天風さんの愛弟子で、メディアにもよく出ていた著名な方です。「日本スピリトロジー研究会」という会を主宰《しゅさい》していました。彼女の写真を見たとき、なぜかとても懐かしく、「この人に会わなければいけない」とインスピレーションが閃《ひらめ》きました。それ以来、船越先生、船越先生とうわごとのように口にしていました。先生のテレビ出演があると必ず録画して、くり返し観ていました。憧れたのです。中学を卒業して高校一年生のときに母に連れられてやっと先生にお目にかかったのですが、会った瞬間、やはりこの人だと思いました。

「どうして私に会いにきたの？」と質問されましたが、圧倒され、畏れ多くてひと言も返事ができません。僕はじっとうつむいたままでした。すると突然、「霊能者になるための勉強をしに来たのでしょう？　ちゃんと自分で言いなさい」と先生がおっしゃり、すべてお見通しなのだと感じ入ったことを今でも鮮明に覚えています。先生との出会いは、前世からのつながりを確認する機会でもあったのですが、僕のガイドと先生のガイドが示し合わせ、引き合わせてくれたのです。

研究会に入り、勉強が始まりました。霊的な真理を学ぶのです。これまで僕が望んでいた霊界、つまり向こうの世界から視た真実、カルマや、人間がなぜこの世に生まれて来るのかなどを本格的に学びました。学ぶことで自分の中にある潜在的な能力を引き出すのです。

毎年、夏と冬には合宿があり、ヒーリングやテレパシー、透視などの訓練をしました。自動書記という訓練もあり、霊に自分の手を貸して、彼らが伝えたいことを絵や文字で書かせます。大本教《おおもときょう》の出口《でぐち》なおさんのお筆先《ふでさき》のような勉強です。自分の声帯を貸して霊にしゃべらせるイタコが行なう方法を学ぶというのもありました。専門的には口寄《くちよ》せといいます。霊の声は自分の声になったり、しわがれ声、甲高い声になったり様々に変化します。発せられる霊のソースは自分ではなく、スピリットのものだからです。身体のどこが悪いかを透視する方法や、それを癒す方法も学びました。

苦手だったのが水行《みずぎょう》です。心臓まひを起こすかもしれないので、先生が見ていないときを見計らっていつもお湯を混ぜて被っていました。きっと先生はお見通しだったことでしょう。

楽しかったのは、テレパシーや予知、透視でした。とくに遠隔透視は、後にとても役立つことになります。自分が行ったことのない場所も透視できるからです。地方に出張中の友達から、「道に迷っちゃったんだ」と電話があります。「そりゃ大変だね……」と応じると、僕の意識が自然にそっちに飛んでいきます。そこがどういう情景か視えてくるのです。「いまお前が立っている脇に赤提灯があるでしょ？　それをまっすぐに行って、左に曲がると階段があって、そこを降りていくと目的の場所だと思うよ……」。すると、「お！　あった、ありがとう」となるのです。

合宿後、能力が一気に開花した時期がありました。あまりにも鋭敏になりすぎて自分でも怖いほどでした。合宿を終えて帰宅すると、誰が何を言うか、どんな表情でしゃべるか、その逐一が視え、一言一句までわかりました。「あの人が、今からこういう表情でこういうことを言いだすから見てて」と断言するほど、いろいろなものが複合して視えるのです。そういう感性がどんどん鋭くなりました。相手が何を考えているのか、それもわかるようになったのです。ただ、その鋭さは時が経つにつれバランスがとれて落ち着いてきました。鋭敏すぎると、こちらが疲れてしまいますから。

修行をして何になるのと聞かれると、これという答えはありません。修行をする誰もが神主や霊能者を目指すわけではありません。多くの人は、潜在能力を開発することで自分の可能性を高めたい、自分の魂とつながることでインスピレーションを得たい、と思っているのです。何をするにも、これらの能力は役に立ちます。人間関係を良くすることができ、相手が望んでいるものがわかれば、それを提供することもできます。

こうした修行を、以前は何百人という単位で行なっていたそうです。しかし二年目になると、一年目に開発した能力がちゃんと持ちこされているかがチェックされ、ふるいにかけられ、三年目にもまたチェックを受ける。最初四百人ぐらいでスタートした訓練は、最後の四年目になると数人になっています。この数人が最後に「顕現《けんげん》」という卒業試験を受けます。神界の神霊たちと一体になって、ある種の自然現象を起こすというものです。たとえば晴れている日に、地面からまっすぐ柱のように立ち昇る虹を創り出す――これが顕現です。そこまでやって、やっと卒業になったそうです。

船越先生の内弟子として先生の家に早朝行き、掃除、洗車をして、朝食を一緒にいただき、先生のお宅から大学に通い、やがて無事卒業しました。そうした日常生活の中で先生から教えを受けました。十五歳から二十五歳までほぼ十年です。あとは自分自身による試行錯誤を通して、自分で自分を磨く道へと導かれていくことになりました。

ガイドとハイヤーセルフにつながる

そういうプロセスを経て霊的な能力に目醒め、霊が視えたり天使が視えたりしても、そこで終わりではありません。霊的な能力をきちんと理解し、本当の意味で力を持つ自分を受け入れられるまでには、苦しい時期も経験しました。若い頃の僕は、自分で決めてきた役割と、今世の個人的、人間的な幸せの狭間《はざま》で自分が定まらず、どのように生きていけばいいのか悩んでいました。イライラが募り、わけもわからない衝動的な怒りや悲しみに駆られることもしばしばでした。冒頭でも書いたように、高校二年生の秋、そのつらい気持ちが爆発し、我慢できずに天に向かって叫んだのです。

「なぜこんなにつらい思いをしなければいけないのですか？　なぜこのような人生を生きなければいけないのですか？」

そう大声で叫んだあと、静寂の中に、とても落ち着いた声が聴こえてきました。

「お前は、自分の意志で今回の人生を選んで生まれてきた。なれば、お前自身が幸せになる道を用意してこないはずがなかろう」

それを聴いたとき、憑きものが落ちたようにストンと何かが外れ、とても楽になりました。

後でわかったことですが、その声の主こそが僕のガイド（守護霊）だったのです。

ガイドのほかに、僕たちにはその本質であるハイヤーセルフがいます。ハイヤーセルフ、つまり本来の自分です。自分自身の魂を構成している、神と直接つながっている存在です。「高次の自己」とか「大いなる自己」「真実の自己」とも呼ばれます。

人間は生まれ変わるたびに、性別や国籍や皮膚の色や家庭環境などが変わりますが、共通するものがあります。魂です。王様だった僕、物乞いをしていた僕、バリ島でシャーマンだった僕、ネイティヴ・アメリカンのメディスンマンとして生きていたときにはレッドフォックスと呼ばれていた僕、今の僕――と姿も形も違いますが、共通しているのは魂です。それが本来の自分・ハイヤーセルフです。といっても最初からその存在を理解していたわけではありません。師匠の元を離れたあと、自分なりに霊的な世界を探求していて、ある方とつながりができたことで理解できるようになったのです。

ある方とはハワイ在住のチャネラー、マリディアナ万美子さんです。二〇〇七年頃だったと記憶していますが、彼女のレムリアに関するワークショップに参加しました。そこでレムリア時代の僕自身の過去世を思い出したのです。

レムリアという高い周波数を保っていた古代文明がかつてハワイ諸島を含めた広範囲に存在していました。レムリア文明は霊的な成長におけるバランスを崩し、最終的に海に沈みます。この過去世において、僕は神官をしていました。間もなくレムリアが沈むというとき、宇宙からそれを知らされた神官たちは、新天地へ連れていくべき人々を選別しなければなりませんでした。すべての人を連れて逃げることは到底不可能だったからです。もちろんそこには宇宙的な観点からの魂レベルの学びがあるのですが、ある意味、人の命を天秤《てんびん》にかけなければならず、神官の一人であった僕にとっては、言葉では言い尽くせないほどのつらい経験でした。そしてその経験がトラウマになり僕の魂に重く暗い影を落としていたのです。

まず万美子さんからレムリアでのトラウマを癒すヒーリングを受けました。その後、彼女の声に誘導されながら自分自身のハイヤーセルフにつながる誘導瞑想へと移りました。深い瞑想状態に入りハイヤーセルフとつながった瞬間、溢れるように情報が降りてきました。僕自身のハイヤーセルフがどんな姿をしていて、どんなエネルギーなのか、それがはっきり知覚できたのです。どことなく自分に似て、ほっそりとして中性的です。若々しく、輪郭もシャープで、目が力強く輝いていました。それ以来、ハイヤーセルフから情報を得ることで、いろいろなことがわかるようになりました。

ハイヤーセルフとつながることは何より大切です。ハイヤーセルフは神と直接つながっている「高次の自己」ですから、ここを通して神をはじめガイドや天使ともつながることができます。僕たちの関係性で何がいちばんの根本かというと、「自分と神」との関係です。これが大原則、これしかないといっても過言ではありません。友人や親、仕事仲間、守護霊や天使など、人間にとっての関係性はいっぱいありますが、突き詰めれば、自分と神との関係しかありません。「自分」というのはもちろんハイヤーセルフを含めた高次の「自分」です。自我の「自分」ではありません。神との関係がしっかり確立されると、周りとの関係もスムーズな、調和のとれたものになってきます。ここがずれていると、そのずれが人間関係の様々な面に影響を与え、複雑さを生むのです。

ハイヤーセルフとのつながりを確立することで、僕の周波数は上がり、それまでの迷いやわだかまりがどんどん外れていきました。迷いやわだかまりは低い周波数です。その低い周波数が外れ、「まあいいや、どうとでもなる」と思えるようになったのです。

ハイヤーセルフとの回路が開けたことで、僕は大きく変わりました。

変わってからの視点で過去をふり返ると、それまでの自分がいかに未熟かがわかります。自分ではそれなりに目醒めていると勘違いしていたのです。実際は、まだまだ深く眠っていました。それが観えてからは、自分の低いバイブレーションを捉えては外し、ひたすら外していきました。それをくり返すうちにどんどん周波数が上がっていき、すると、目の前の出来事であれこれ一喜一憂することがなくなりました。他人の言動を気にして右往左往する自分がつまらなくなったのです。

「自分の現実は自分が創っている」、それが知識ではなく体感ではっきりわかったのは、ハイヤーセルフとつながってからです。他人の言動にいちいち感情を高ぶらせたり腹を立てることは、自分の現実に対する言い訳です。自分の現実を誰かのせいにしても何も解決しません。誰のせいにもできないのであれば、自ら律するしかないのだと気づき、逃げ場はないと感じました。同時に、自分さえ変わってしまえば現実はどうとでも変えることができると自由な気持ちになりました。それからは、過去世での生き方から自分という存在の在り方をどんどん思い出し、それを整理していくように心がけました。

外界を見る目が完全に変わりました。

量子力学には、すべてが波動であるという考えがあります。世界のすべてのもの、机も、本も、テーブルも、車も、そして思考や想念も、すべて波だというのです。当初は頭だけの理解でしたが、自分の周波数が上がるに従って、その波までもが視えるようになりました。目に見えるものは波動が結晶化したものです。人間の肉体も、自分が持っている波動をその形に合わせて物質化したものといえます。

多くの人は自分の外見を良くすることに熱心です。しかし外見は自分の持つ波動を結晶化した結果でしかありません。自分の持っている波動が自分のすべてを創っていると意識すれば、その瞬間に、外見は単に自分の内に持ち合わせている周波数の反映にすぎないとわかります。それがわかったり視えたりするようになると、これまで変わりようがないと思っていた現実が本当は単なる波で、どうにでも変えられるという違う視点で対応できるようになります。

そうして僕の目の前の現実がどんどん変わっていきました。人間関係や仕事で複雑な問題が起こっても、それを現実化するために使っていた低いバイブレーションを外すと、問題だと思っていた出来事が自然に解決するようなことが日常茶飯事になりました。そして大切なのは、意識の周波数なのだと本当の意味でわかったのです。それが確信となりました。意識の周波数さえ高く保っていれば、何が起こっていても、誰が何をしていても、自分はリラックスして、ワクワクしていられます。イルカは何が起こっても楽しそうにしていますが、イルカたちの意識の周波数が高いからなのです。イルカの前を周波数が落ちている人が横切っても、彼らは見向きもしません。無視しているのではなく、低い周波数に気づかないのです。イルカたちは高い周波数を反映する現実に生きているからです。高い周波数が良く、低い周波数が悪い、ということではありません。優劣ではなく、単に状態の違いです。とにかく、ハイヤーセルフとつながったことは僕の大きな転換点でした。

過去世のトラウマ、そしてガイドとの出会い

そうしたことに本当の意味で目醒める前の二十五歳の頃、僕は整体師になりました。なんの手がかりも持たずに霊能者への道を踏み出すのに自信がなく、他人の身体に触れることで、霊能者としての基礎づくりをしたかったのです。それを一生続けるつもりはもちろんありません。整体の仕事をしながら、霊能者の道へどう進もうかと模索していました。

その頃出会ったのが、門脇法子さんのヒプノセラピーです。

これは「退行催眠」といって、自分の悩みの原因を今世の過去、あるいは前世や過去世の出来事に求める療法です。ヒプノセラピーの体験談をある雑誌で読み、これをやってみようと思ったのです。というのは子供の頃から僕には理解しがたい感覚があって困っていたからです。

それは、「自分がひどく醜《みにく》い」という感覚でした。なぜそんな感覚がやってくるのかわかりません。たとえば横断歩道で信号が変わるのを待っていてこの感覚がやってくると、歩道の向こう側の人たちに自分の顔をさらしているのが嫌でいたたまれず、まっすぐ前を向けなくなるのです。電車に乗っていても正面に座っている人のほうを向けません。思い当たるよ

うなことはありません。なぜそういう感覚が湧くのか、とても不思議に思っていたのです。その理由を突き止めたい、その一心でした。ヒプノセラピーの体験談を読んで、これでこの不思議な思いを手放せるかもしれないと感じたのです。

門脇先生に退行催眠をかけていただき、行き着いたのは、アフリカの少女だったときの記憶です。僕の中にたくさんある過去世の記憶のうちの一つです。

その少女（僕）は幼い頃から母親に、「お前は本当にブスだね！　こんなブスは大人になっても嫁のもらい手はないよ」と言われ続けていました。蔑《さげす》まれるような仕打ちを受け、自分は醜いのだと刷り込まれ、年頃になって恋人にプロポーズされても、こんな醜い自分では一緒にやっていける自信はありません、こんな自分では一緒になってもうまくいくはずがないと縁談を断っていました。結局、結婚して子どもを産むのですが、相手は二十歳以上も年上の人でした。大昔のアフリカですから、二十歳年上というのはかなり年長者で、父親より上、お祖父さんに近いのです。「お前みたいなブスをもらってやるのは俺くらいのもんだ」と、まるで奴隷扱いでした。

そのことを思い出したとたん、今まで感じていた感覚がまさにそれだと気づき、ずっとつきまとっていた「醜い自分」という感覚がスコンと抜け落ちたのです。同時に先生に「ガイドと話してみましょう」と言われ、そのとき初めて自分のガイドに会いました。それまでにもガイドとのコンタクトはありましたが、偶発的なもので、自在にコントロールして必要なことを相談するような関係ではありませんでした。

ヒプノセラピーを受けることで、ガイドとつながる回路が開いたのです。それ以来、自由にガイドとつながることができるようになりました。そのとき出会ったガイドは、ギリシャに生きていたときの過去世で一緒に働いていた仲間たちでした。その時代、僕は神官でした。神事に関わるだけではなくヒーラーも兼ねていました。医者としての役割を果たしていたのです。そのとき仲間が四人いたのですが、その彼らとつながったのです。彼らはズバリこう指摘しました。

「あなたはスピリチュアルな仕事をすることになります。いまから二年後に。私たちはヒーラーとしてのあなたの仕事をサポートするようになるでしょう」と。確かに、その二年後、セッション・ルームを持って本格的に今の仕事を始めることになりました。もちろん彼らとは今でもつながっています。

天使との遭遇

ヒプノセラピーの体験以降、急速に霊的な能力の向上を感じるようになりましたが、天使とのつながりができたのは二〇〇五年頃、三十歳くらいのことでした。整体の仕事を終えた帰り道、なぜか足がどんどん駅のほうに引っ張られていきます。頭の中で「本屋に行かなきゃ、本屋に行かなきゃ……」と自分の声がこだましているのです。本屋に行っても買う予定の本はありません。でも勝手に足が本屋に向かうのです。こんな経験は初めてでしたが、引っ張られるまま駅ビルの中にある本屋に着きました。中に入ると、ある方向へと引っ張られます。行き着いた先に平積みしてあったのが『エンジェルヒーリング』（ドリーン・バーチュー著　牧野・M・美枝訳　ダイアモンド社）という本でした。アメリカの霊能者の本です。これを読めというのでしょうか。

当時の僕には天使への関心などまったくありません。メルヘンチックな響きだと、どちらかというとバカにしたイメージを持っていたのです。天使に守られているとか天使にお願いするという考えが信じられませんでした。でもせっかくここまで連れて来られたのだからと、手に取って読んでみました。これがおもしろいのです。

早速購入して、家に帰って読みはじめると、「天使というのは呼びかければ来てくれる」とあります。「へえ、そうなんだ」と、最初に呼びかけたのが大天使ミカエルでした。心の中でミカエルに呼びかけると間もなく、本当にミカエルが降りて来ました。上空から本当にミカエルが降りて来たのです！　ミカエルをサポートしている天使たちを背後に大勢引き連れて、ものすごい光景です。荘厳すぎて、まるで絵に描いたようです。あまりにリアルなので、あ、これは自分の想像で作り出してしまったのだと思いました。自分の妄想だと思ったとたん、パッとその光景が消えました。しばらくその余韻に浸ったあと、やっぱり単なる想像だったと気を取り直して、また本の続きを読みはじめました。するとこんな文章が続いています。

「天使が信じられなければ、本当に存在しているというサインを見せてほしいと頼んでみてください。天使は必ずその存在をあなたに見せてくれます」

「じゃあ天使たち、本当にいるという証拠を僕に見せてください」

と頼みました。

するとと大変なことが起こりました。頼んだとたん、もう天使だらけ、天使をイメージするものがやたらと出現するのです。目の前スレスレを通りすぎるトラックに危ないなと思いながら目をやると、荷台に「エンジェル」と大きく書かれていたり、そんなことにまったく無関心だった友だちが突然天使の話を始めたり、道を歩いていると、天使を象徴する本物の羽が僕の通る道沿いに誰かがわざわざ置いたようにポツンポツンと並べてあったり、テレビをつければ天使の番組、チャンネルを替えれば、お笑い芸人が天使のコスチュームでコントをしている——まさに天使のオンパレード。

天使たち、了解です、もうわかりましたと言った瞬間、ピタッとそれがやみました。

天使を信じてみようと思ったのはそれからでした。

亡くなったおばあさんからの伝言――リーディング

その後、本の著者ドリーン・バーチューが認定しているエンジェル・セラピー・プラクティショナー（ＡＴＰ）のワークショップに行く機会がありました。驚いたのはそこでお目にかかったセラピスト「聖子」さんのオーラが普通の人とは違っていたことです。頭に王冠のような光を載せ、背中には大きな羽が視えます。そんな人は初めてでした。もちろんサイキックな視覚を通して視るのですが、その後読んだ彼女の紹介記事に、こんなことが書かれていました。

「彼女は天使のリーインカーネーション（生まれ変わり）です。天使は普通肉体を持たないし、生まれ変わることもありません。彼女の場合はとても珍しいケースです」

とあり、なるほど……と妙に納得したのを覚えています。この頃僕にはすでにリーディング能力があったのですが、いまひとつ自信がありませんでした。リーディングというのはひと言でいうと「霊視」（霊査ともいう）です。霊的な感性を通してその人を視て、その人のガイドやハイヤーセルフに当人のことを尋ねるのです。すると「これこれです」と、当人に起きていることやその問題点が返ってきて、それを翻訳して当人に伝えるのが僕の役割です。つまり当人に起きていることや状態を読み取るのですが、当時の僕にはそれが真実かどうかはっきり確信が持てませんでした。ワークショップでは、このリーディングの練習を行ないます。みんなで輪になって順番にリーディングするのです。

僕の番が来て、「この人をリーディングしてください」とある女性を指定されました。その女性を視ると、そばにおばあさんが立っています。彼女の亡くなった祖母のようです。ガイドとして彼女に付いている存在のようです。おばあさんが彼女についていろいろ話しています。それを僕がみんなの前で声に出して翻訳していきました。彼女がどういう人で、どんな生い立ちで、どんな暮らしをしてきたか、いま気をつけないといけないのはどういうことかなど、おばあさんが伝える言葉をそのまま伝えていくと、彼女は固まってしまい、しばらくすると泣き出したのです。

ワークショップの最後に、彼女に連絡先を聞かれ、あとでいただいたメールには、「あなたに言われたことは、まるでわたしの自己紹介でした。ぜひ詳しくリーディングしてくださ い」とありました。それを読んで、自分がいい加減なことを言ったわけではないとやっと確信が持てるようになったのです。これでわだかまりがスルッと外れて、そのあとは、自信を持ってリーディングができるようになりました。天使とのつながりはこのようにしてできました。以来、何か困ると、天使たちにいろいろと相談するようになりました。

守護天使と天使界

英語圏、とくにアメリカでは守護霊をスピリット・ガイドと呼び、守護天使をガーディアン・エンジェルと呼びます。守護霊は何度も輪廻転生をくり返した肉体経験を持つ存在です。人間としての経験を積んでいるので、肉体を持つとはどういうことか、人間として生きるとはどういうことか、また、その大変さなどをよく知っています。その意味では守護霊は人間らしいといえます。

これに対して天使は人間として肉体を持ったことがありません。順に挙げると守護天使、大天使、権《けん》天使、能天使、力天使、主天使、座天使、智天使、熾《し》天使——周波数帯域の違いによる九つの階級があるといわれています。下のほうはいわゆる守護天使の周波数帯域ですが、その上に、守護天使を監督している大天使たちがいます。大天使の中にも、周波数帯域の違いがあります。誰にでも守護天使が一人以上ついています。人によっては複数ついている場合もあります。守護天使は守っているその人にだけ奉仕します。つまりあなた専属のサポーターが守護天使です。

僕は長い間、九つの階級の違いを上下の違いと思っていたのですが、そうではありませんでした。天使たちによると、上下関係、ましてや優劣などではなく、単に役割の違いにすぎず、周波数帯域で役割が分かれ、それがヒエラルキーを構成しているのだそうです。

ヒエラルキーがあり、守護天使は大天使たちに監督されているとなると、やはり上下関係があるのではないかと考えてしまいますが、天使の世界は違います。どちらが偉いという話ではなく、平等に存在しています。

たとえば、僕たちの身体にはたくさんの細胞があります。いろいろな細胞が寄り集まって身体になっていますが、どの細胞がどの細胞より偉いとか、意識のほうが細胞より偉いなどということはありません。ただ他の細胞と調和を取りながら、それぞれがそれぞれの役割を果たしています。それと同じです。その人にとって大きな影響力を持つのは守護天使。一方で、個人を超えた関わりに大きな影響力があるのは、それより上の周波数帯域にいる天使たちです。とはいえその他の天使につないでくれるのは各自の守護天使なので、彼らにサポートを求めれば問題ありません。

パワフルな大天使たち

大天使はたくさんいますが、その中でも次の四大天使を覚えておけば大きなサポートになってくれるでしょう。ガブリエル、ウリエル、ラファエル、ミカエルの四存在で、それぞれに得意分野があります。

ガブリエルはクリエイティブな面やその才能をサポートしてくれます。作家やアーティスト、ミュージシャン、またそれらを目指す人は、ガブリエルにサポートを求めてみてください。浄化のパワーが強いので、自分が明確さを欠くとき、クリアーにしてもらうためにも呼び出すといいでしょう。

ウリエルは知恵の天使です。複雑で解けない問題を解決するためのヒントをくれます。行き詰まっている問題や出来事に光が欲しいときには、役に立ってくれます。また、心の問題を抱えている人にもサポートの手を差し伸べてくれるので、なかなか手放せない哀しみや怒りなどの感情的な問題に関して癒しを求めてみてください。

ラファエルは天界のヒーラー、癒し手です。体調がすぐれないときや病気になったときに治癒をお願いすることができます。また、どの病院に行くといいか、どんな治療法が適しているかに関してでも、アドバイスしてくれるでしょう。医療関係やヒーリングの仕事に就いている人、それを目指す人まで幅広くサポートしてくれます。学校選びからその資金に関することまで多岐に及びます。

ミカエルは人生の使命や役割をサポートしてくれます。自分が今世で何をすべきか、何のためにこの人生を生きているのか、その答えを探しているなら、ぜひミカエルを呼んでください。

またミカエルは、あなたに守護が必要なとき、心の強さや勇気、そして自信が欲しいときにも役立ってくれます。とくに女性は夜道などを歩いていて恐怖を感じたら、すぐにミカエルに保護を頼むといいでしょう。ミカエルは霊的・物質的両面の、あらゆるネガティブなエネルギーから守ってくれますので、瞑想やスピリチュアルなエクササイズをする際にも呼び出し、安全な環境のもとで行なってください。

天使たちには、どのように助けを求めればいいのでしょうか。

単に、あなたが求めることを、あなたの言葉で伝えるだけで大丈夫です。声に出しても出さなくても、彼らは聴く耳を持っています。憶えておくといいことは、天使たちは「人間の自由意志を侵害してはならない」という宇宙的な法則のもとで働いていることです。言い換えると、助けを求められなければ、助けてはならないのです。つまり、天使に助けてもらい

サポートの呼びかけ&感謝は
→P.70

たければ、僕たちの側から呼びかけるしかありません。むろん助けを求めたら、最後に感謝の気持ちを伝えることも忘れないでください。天使たちは何も期待や見返りを求めませんが、僕たちの感謝が、彼らの唯一の報酬みたいなものですから。

たとえば自分だけでなく他の人も同じようにミカエルに呼びかけたら、誰の願いが優先されるのかとあなたは疑問を抱くかもしれません。当然の疑問といえますが、彼らは多次元の意識に目醒め、時間と空間の概念から抜けているため、バイロケーションといって、二ヵ所以上に同時に存在することができます。つまり、七十億の人間が同時にミカエルに呼びかけても、ミカエルは七十億とおりに存在して、それぞれに対応できる能力を持っています。

また、天使に頼むことができるのはキリスト教徒、あるいは特別な人だけと思っている人もいるかもしれませんね。実は、天使は宗教とはまったく関係がありません。彼らは、人々がどの宗教に属していようと、たとえ天使の存在を疑っていようと、助けを求める者に、分け隔てなく手を差し伸べてくれます。

「わたしなんかじゃ畏れ多くて頼むことができません」

「そんな偉大な存在に頼めるような高尚な願いごとはありません」

と思う必要もまったくありません。彼らには、人を貶《おとし》めたり傷つけるような願い以外なら、またその願いがすべてにとって最善であるなら、どんな願いも喜んでサポートしてくれるでしょう。願いに小さいも大きいもありません。駐車場のスペースを空けてほしい、電車で座りたい、失くし物を見つけたい、人間関係の調和をとりたい、自分に合う仕事を見つけたい、家族や友人、またはペットを癒したいなど、どのような願いごとでもかまいません。僕はよくドライブで行った先の駐車場を空けておいてくださいと頼みます。ただし駐車場に着く直前ではなく、少し前から頼んでおきます。彼らにも自動車を動かす時間が必要だからです。まずは感謝とともにサポートを求めてみてください。

サポートを求めたあとは、どんな導きがやってくるかを直感的に待ちます。

あるとき友人と出かけた帰り、電車に乗る直前に友人の具合が悪くなってしまい、つらそうだったので天使に座れるように頼んだことがありました。混んでいて満席だったのです。すると天使が「こっちへいらっしゃい」とある場所へ僕らを呼ぶのでそっちへ移動すると、次の駅で目の前に座っていた二人が降り、すぐに座ることができました。

このように天使は様々な形でサポートをしてくれます。天使の声が聴こえなくても、直感やくり返し見たり聞いたりすることで、あるいは、突然ある考えがグルグル頭を回りはじめたら、天使が手を差し伸べているのだと気づいてください。サポートされていると意識することで、ポジティブな流れに導かれます。サポートを求めるだけで自然に解決することも多いのですが、基本的にそれは、天使たちとの協働によるものであると心得てください。

なぜ天使は僕たちの願いをサポートしてくれるのでしょうか。

彼らは僕たちの願いをかなえるためにいるのではありません。彼らは神とともに、この地球の、ひいては宇宙の最善のために働いているのです。地球を素晴らしい惑星にしていくためには、僕たち人間が今世自分で決めてきた役割を果たすことが必要です。でも僕たちは日々、様々な問題にとらわれ、自分の役割どころではなくなっているのが現状です。だからこそ天使たちは、雑多なことは自分たちに任せて、あなたたちは早く本来果たすべき役割へと向かってくださいと促しているわけなのです。

今では僕には天使の存在を伝える役目もありますので、天使たちの基本的な働きに関してお話ししましたが、早速、あなたも天使たちに話しかけてみてください。僕は天使を自分の人生に招き入れたことで、人生が一八〇度変わりました。

あなたにもぜひ天使たちとの協働を楽しんでもらいたいのです。天使たちは軽やかでユーモアのセンスも持っていますので、難しく考えず、親友と接するように語りかけてみてください。彼らもそれを待ち望んでいますから。

大天使ミカエルの導き

整体の仕事をしながらそろそろセッション・ルームを持ちたいと思ったとき、僕は迷わずミカエルにサポートを求めました。

「独立してカウンセリング・ルームを持ちたいのですが、どのように動くのがベストでしょうか？」

するとミカエルはすぐ、

「十一月八日に、仕事を辞めるとオーナーに言いなさい」

と答えるのです。日にちまで指定されました。整体治療院で働くようになって一年半。二週間後にオーナーに辞めると言えと言うのです。でも、いま仕事を辞めてこの先どうなるんだろう……と不安になりました。

「嘘でしょ？」と思いましたが、一度も裏切られたことがなかったので、その日になって、「実は……お話があります」とオーナーにその旨を伝えました。勤める際にすでに、いつかスピリチュアルな仕事を本業にしたいと伝えてありましたが、急に辞めたいと切り出したので、オーナーも驚きました。

ちょうど治療院の変わり目の時期で、人の出入りが激しくバタバタしていたので、なおさらです。オーナーに「なぜ急に辞めたいなんて言い出すの？」と聞かれ、正直にスピリチュアル・カウンセリングを行なうための場所を探していると答えました。すると、「それなら、うちを使ってくれればいいよ」と言われました。ちょうど整体院の二号店を別の場所に出すことになり、一号店にスペースの余裕ができるからと。そこをセッション・ルームとして使う許可とともに、新しいソファから何から何まですべて揃えてくれたのです。おまけに整体の仕事もそのまま続けてよいということになりました。今でもオーナーには本当に感謝しています。タイミングが早くても遅くても、そうはならなかったでしょう。

ミカエルはこの展開を知っていたのです。「こうすればこうなるから、こうしなさい」と具体的に言わなかったのは、僕に覚悟を決めさせるためでした。のちにミカエルは「何事においても、覚悟を決めて飛び込むときは、必ず宇宙からのサポートを得ることができる。しかし、意志がぶれ、中途半端に始めるようなら、それを得ることはできない」と言っていました。「天は自ら助くるものを助く」ということなのでしょう。先の保証はないが、今の仕事を辞めて必ずスピリチュアル・カウンセラーとして独立すると、確かに僕は覚悟を決めていたのです。

その後、整体院でスピリチュアル・カウンセリングをしながら、整体の施術もしていました。やがて口コミでカウンセリングのクライアントさんがどんどん増え、整体のほうに手が回らなくなってきました。オーナーには申し訳なかったのですが、新しく動く時だと感じました。事務所に適した所はないかと意識しながら歩いていると、これは！　と感じるマンションがありました。自宅からも駅からも近く、静かな環境で、思い描いていた条件にぴったりでした。整体院にも近いので、時々手伝うことも可能です。喜び勇んで不動産屋に問い合わせると、家賃を含め条件が良いので人気があり、出て行く人が少ないというのです。他の物件もあたりましたが、どうしても諦めきれず、毎日そのマンションの前を通るたびに絶対ここを借りたいと強く思い続けていました。

そこでまたミカエルにサポートを求めました。

「どうしてもあの部屋が借りたいんです。どうにかなりませんか？」

「では十一月まで待ちなさい」とミカエルは言いました。九月頃のことです。「二ヵ月か……二ヵ月でどうなるんだろう……？」と思ったのですが、ミカエルが待てと言うのだからとにかく待つことにしました。その間は、他の物件は探さず、しばらくその件も忘れていました。

それは十一月三日の昼のことでした。昼食のためコンビニに買い物に行こうと職場を出ると、あのマンションの前に「入居者募集」と張り紙があったのです！　お昼などそっちのけで不動産屋に駆けつけました。入り口にいちばん近い部屋が空いたとのこと。カウンセリングに最適の部屋です。ミカエルが十一月まで待てと言ったことが、そのとおりになりました。誤解しないでほしいのですが、これはミカエルが住んでいた方を追い出したわけではありません。その人にとってより相応《ふさわ》しい場所へと導いたのです。天使たちはみんなにとっての最善を考慮して働きます。そうでなければ、願いは形にはならないからです。だからこそ、僕たちの狭い考えから無理に事を起こすのではなく、天使たちと協働し、最適なタイミングを待つことが大切なのです。

天使とのコミュニケーション

天使とつながるために必要なことは、ただ「呼びかける」ことだけです。すでにお話ししたように自由意志の法則から、僕たちから話しかけることによって天使たちとつながるからです。僕たちが天使たちに「助けて」と言って初めて、彼らに、自分の人生に介入してきてよいですよ、と許可を与えることになるのです。

ほかにも簡単な方法があります。天使の絵や置き物を目につく場所に飾ることです。それを目にするたびに、僕たちは天使を思い浮かべることになります。常に天使を意識することで天使とつながることができます。天使は非常に波動が高いので、僕たちが天使の絵や置き物を見るだけで波動を上げることもできるのです。

また、のちほどご紹介する「統合」を進めることで、ハイヤーセルフとのつながりが強まりますが、それは同時に天使とのつながりも強くします。天使や他の高次の存在とのつながりはハイヤーセルフを通して確立されますから、まずはハイヤーセルフとつながることが大切です。つまり、ハイヤーセルフは僕たちと高次の存在とをつなぐ電話交換手のような働きをしてくれるわけです。

僕たちは統合していなくても、ハイヤーセルフのエネルギーをいわばチャネリングすることでハイヤーセルフとつながっているのですが、統合すれば、つながりがよりクリアーになります。統合が進んでいくと、たとえば以前は「なんとなくつながっているかな?」というあやふやだった感覚がありありとしたものに変わり、いつでも対話できる状態になります。あなたに必要な情報を提供し、あらゆる質問に答えてくれるようになります。その答えは様々な形でやってきます。「あ、こういうことか!」という直感の形や、読んでいる雑誌の中に同じ言葉や内容がくり返し現われたり、やたらに似た話ばかりが耳に飛び込んでくるといった形でやってきます。ですから、どんな情報が入ってくるのか、アンテナを張るようにしてください。これはハイヤーセルフだけではなく、天使や他の高次の存在とのコミュニケーションのとり方にも同様です。

僕は自分から呼びかけることで天使から必要なことを教えてもらいました。自分の霊能力の使い方から、どうやってこの仕事で身を立てるかまで、必要なガイダンスのすべてを受けました。彼らの指示を一つひとつ実行し、二〇〇六年に今の仕事を始めましたが、天使と出会っていなければ今の僕はなかったでしょう。本当に大きな出会いでした。今こうしている間もミカエルが僕の後ろにいて、周りに注意を払ってくれています。必要があればいつでも修正が入ります。「足を向けて寝られない」とは、彼らに対する僕の気持ちを表す言葉です。

あなたを守護する存在には、守護霊のほかに、守護天使がいます。

違いは、前者はかつて人間として肉体を持って地上で生きたことがあるのに対し、後者は特殊な例を除いてその経験がないため、ある意味、魂がより純粋で神に近いといえるでしょう。どちらに、また両方にサポートを求めてもかまいませんが、もし望むなら心の中で、その存在を証明するサインを見せてほしいと呼びかけてください。サインは必ずやってきます。ただし、これこれの方法でサインを見せてほしい、とは頼まないでください。方法は彼らに任せて、楽しみながらサインを待つことです。こうして天使たちとの交流が始まるのです。

今では僕は、彼らとの会話は日常そのものです。彼らと会話をしない日はありません。親友に話すように話しています。たとえば、未来に関して守護霊や天使たちに尋ねると、彼らは今のタイムライン上でいちばん可能性の高い流れを話してくれます。

僕の友人の女性がある試験を受けようとしていました。数ヵ月先の試験だったので、どうしたらいいかと尋ねられました。そこで天使に聞くと、返ってきた答えは「今のペースのままでは間に合わないので、しっかり準備を整えて次の機会にチャレンジしたほうがいいでしょう」というものでした。友人はそれを聞いて「自分でも確かにそう感じているけど、そう言われたら、逆にその未来を変えたくなった」と意識を変えたのです。心を入れ替えた彼女は一生懸命、試験勉強をして合格しました。つまり天使のひと言を聞いて、自分の意識と行動を変えたのです。その結果、違うタイムラインに移行して、合格という結果を得たのです。

これは友人の私的なエピソードですが、宇宙的な大きな出来事についても、彼らはちゃんと答えを出してくれます。宇宙にとっては、大きい小さいという区別はありません。人間的な観念を通して見たときには、出来事の大小がありますが、流れは流れであり、個人に関するものであろうが宇宙的なものであろうが、宇宙から観れば同じことなのです。基本的には「ある流れがある、こういうふうに流れていますよ」と彼らがささやいたとき、そこに関与しているのは、僕たち人間の意識です。

つまり僕たちがどのように意識を変え、行動をどう伴わせていくか、当たり前のことですが、それが流れを変えていくことになります。彼らは大筋の、いちばん可能性の高い情報を与えてくれます。それを受けて、僕たちがどう感じるか、自分は本当はどうしたいのかに向き合い、その結果、意識と行動をどう変えるかは、僕たちの自由意志にかかっています。僕はそういう場面を何度も見てきました。人間の意識はそれほど大きなパワーを持っているのです。

天使やガイドとチューニングする

ハイヤーセルフや他の高次の存在とチューニングする方法を試してみましょう。

チューニングというのはラジオ番組を聴くように、周波数を合わせることです。周波数を合わせて、ハイヤーセルフの声を聴きます。それには、しっかりグラウンディング（181ページ参照）をし、統合によってあなた自身の周波数を上げていくことが大切です。周波数を上げれば上げるほど、「すべて」とのつながりを思い出していくことになりますから。

その上で大事なことは、イメージすることです。

イメージは、自分と、目に見えない世界との橋渡しの役割を果たします。ガイドや天使とつながりたいと思ったら、「私には天使なんて視えない……」と頭から否定せずに、あなたなりのイメージで、天使をイメージしてみることです。

そして軽く目を閉じ、深呼吸をして、リラックスし、安定したエネルギーの中で、大天使ミカエルに呼びかけ、守護を求めます。シンプルに、守護天使に自分のところへ来てくれるように呼びかけます。目の前に光り輝く美しい天使が立っているのをイメージしてみましょう。それから簡単に挨拶をし、彼らに聞いてみたいことを何でも聞いてみます。ポイントは、視よう、聴こうと一生懸命にならず、自問自答するような感覚で行なうことです。

「天使だったらなんて言うだろう？　自分のガイドだったらなんて答えるだろう？」

と想像してみます。その想像は、独り言だ、全部自分で作ってるんだと思いながらでもかまいません。実際、自分で作っています。でも、それを続けていくと、「あれ、これは自分で作ったんじゃない」とハッとする瞬間がやってきます。初めは自分が勝手に答えている感じだったのが、しばらくすると、自分では答えられない流れに変わり、これは彼らとのコミュニケーションが確かに行なわれているのだと思わざるを得ない展開になってくるのです。

サイキックな感性（霊能力）を拓くためのワークショップで、生徒さんたちにそれを指導していると、視よう視よう、聴こう聴こうと必死になる方が多く見受けられます。でもこうした感性はある意味受動的な能力ですので、視ようとする意図は大切ですが、あとは、入ってくるものを受けとめるという姿勢が大事です。そのためには集中力が必要ですが、それには、いかにリラックスできるかが大切な鍵になります。

つまり、自然体です。

自然体でいるためには「疑いを手放す」ことが重要です。意識を天使やガイドに向けながら自然体でいると、今ある自我の自分を超えて、その先の高次の自己につながっていくようになります。そうすると自分ではわからないと思い込んでいたことがわかるようになり、感じられるようになってきます。ところが疑っていると、「どうせ自分の作り出したものだ……」と、せっかくの彼らからのメッセージを否定することになります。だから疑いは一旦わきに置いてほしいのです。検閲は「あとで」いくらでもできますから。

もしコンタクト中に嫌な感じ、ネガティブな感じがするときは、彼らとはつながっていないと考えたほうがいいでしょう。高次の存在につながるときは、温かさや優しさ、愛や安心感などのポジティブな感覚を必ず伴います。逆に冷たさや怖れを感じるときは、すぐにミカエルを呼び、ネガティブなエネルギーを浄化してくれるように頼み、しばらくしてから、また取り組むとよいでしょう。でも、大きく心配することはありません。軽やかな意識で楽しみながら交流してみてください。

彼らと、しっかりチューニングができるようになると、日常の様々な面で知恵を借りることができます。

アラスカにオーロラを見に行ったときのことです。オーロラは自然現象ですから、行けば必ず見られるものでなく、現地の土産物屋の店員さんからも、一週間滞在した日本人旅行客が一度も見られなかった、という話を聞かされました。でも、どうしても見たかったので、アラスカの空を見上げながら天使たちに頼みました。すると天使たちは、「それは私たちの管轄ではありません。自然の精霊たちに頼みなさい」と伝えてきました。僕は、へえ、管轄なんてあるんだと、とても驚きました。

そこですぐに、「自然の精霊たち、どうしてもオーロラを見たいのです。どうか力を貸してください」と頼んだとたん、オーロラがウワーと出てきました。その光景は、感動を通り越して、自然への畏敬の念を起こさせるものでした。管轄があるという話に新鮮な驚きを感じながら、天使と自然の精霊たちに深く感謝したのです。

ハワイの精霊メネフネと聖地ウルポ・ヘイアウ

ときにはこちらからではなく、向こう側からチューニングしてくることもあります。友人とハワイへ行く予定があったときの話です。出発を三日後に控えたある日、セッション・ルームで寛《くつろ》いでいると、突然ある存在が話しかけてきました。それはハワイの精霊メネフネでした。メネフネが「オアフ島の聖地ウルポ・ヘイアウに来てほしい」と言うのです。ウルポ・

ヘイアウって何だろうと思い、インターネットで調べてみると、オアフ島における最古の神殿跡との説明がありました。そこでメネフネに、なぜ行く必要があるのですかと理由を尋ねると、「ここは宇宙と地球とをつなぐ光の柱が立っている場所だ」と言うのです。

よく聴くと、そこは「宇宙とのパイプ」になっている地点で、地球の変容のためにとても大切なポイントらしいのです。本来しっかりとエネルギーが保たれているべきなのに、パワースポット・ツアーなどで人がたくさん訪れ、すっかり荒れてしまい、光の柱が弱くなってしまった。その光の柱を立て直してほしいとのことでした。それで、ウルポ・ヘイアウに行くことにしたのです。

友人には「行かなきゃいけないところができた」と伝え、折よくあったウルポ・ヘイアウへのオプショナルツアーを利用して行くことにしました。華やかさはないのですが、静かで、神聖なエネルギーが溢れていました。ツアー客がガイドの説明を聞いている間に、僕は高次の存在と協働して光の柱を立てました。

光の柱がしっかり立ったことを確認して下へ降りると、素晴らしい光景が広がっていました。なんと、空一面に綺麗な虹が出ていたのです。

見とれていると、精霊たちが「これは光の柱がしっかり立ったというサインと、感謝のしるしです」と言いました。続けて「お礼になにかしてほしいことがありますか?」と聞かれたので、「では一日でいいので姿を見せてください」とメネフネにお願いしました。すると岩がいっぱい積まれている陰からちょこちょこっと姿を見せてくれたのです。その姿はコロポックルや地の精霊に似ています。絵本などに、とんがり帽子をかぶってとんがり靴を履いている精霊の姿が描かれていますが、そんな感じで、少しお爺さんのような顔をしていました。

パワースポットという言葉が流行って久しいですが、神聖な場所には、その土地を守る守護霊や精霊たちがいます。彼らの領域を犯さないためにも、訪れる際には、心の中で自分の名前を名乗り、敬意と感謝の気持ちを持って入って行くことを心がけてください。そうすれば、土地の荒れ方が少なくて済むとメネフネも言っていました。

インディゴ・チルドレン

小学四年生の頃、僕は霊能者になることを決めました。僕はいくつもの過去世で、シャーマンや占い師、そして霊能者をしていました。そのことが一つの理由といえるのかもしれませんが、霊能者になることが僕のＤＮＡにインプットされていたのでしょう。ネガティブな意味ではなく、この仕事をするために生まれて来た、だからこの仕事をするしかない――これが本音です。

世の中の真実を伝える、その人にとっての正しい方向性を指し示す、そのための手助けをする――それが霊能者やシャーマンの役割です。古い時代、王様という最高権力者がいましたが、彼らはいつも専属の霊能者やシャーマンを抱え、要所要所で彼らの知恵を頼みにしていました。そういう先立つ経験もあり、僕は迷わず、導かれるように霊能者の先生に師事し、その後も霊的な探求を続けてきました。それは僕にとってとても自然な流れでした。

世間では僕のような子どもを、よく「インディゴ・チルドレン」と呼びます（正確には、僕はインディゴとクリスタルの混合になります）。オーラの色がインディゴ（深い藍色）の子どもたち――の意で、高い霊性とサイキックな能力を備えているといわれています。

さらにまた、地球の変容をサポートするために、「クリスタル・チルドレン」「レインボー・チルドレン」と呼ばれる、高い波動を保持して生まれてきた子どもがいます。そして、二〇一二年以降は、また別のエネルギーと役割を備えた新しい子どもたちが生まれてきています。世間でいわれているこうした子どもたちの特徴を僕はそのまま受け入れているわけではありませんが、この子どもたちは確かに、「新しいものを受け入れるためには、古いものを手放さなければならない」というメッセージを携《たずさ》えています。つまり、既成概念や枠組みを壊し、新しい風を入れる子どもたちです。これらの子どもたちは、この惑星が変わっていくことを知っているので、これまでの観念や概念、制限などにはまらなくていいとわかって生まれてきています。こうした子どもたちが大人になり、社会を、ひいては世界を変えていく大きな力になっていくのです。といっても、こういう子どもたちは特別な存在ではなく、単に役割の違いであり、優劣はありません。その意味で、誰一人として欠かすことのできない大切な存在です。

それらの子どもたちは従来の概念を通さないので、今までは考えられなかったことが起こります。習ったこともないのに突然素晴らしい絵を描き上げたり、「十年の研鑽・修行を積まないと、ここまでは達成できない」といわれてきた技術をいとも簡単に習得したり、弾いたこともないピアノを優雅に弾きはじめる子どもが出てきても不思議ではありません。それによって大人たちの既成概念がガラガラと音を立てて崩れていきます。変わっていかなければならないのは大人たちのほうなのです。

多くの人が「目を醒ましたい」と望んでいます

本当のところ、この地球の過半数以上の人たちは、魂の深いレベルにおいて、「目を醒ますこと」に同意しています。そもそも僕たちの魂がこの地球に来る目的は何だったのかというと、実験（ゲーム）のためでした。完全に覚醒している宇宙意識である僕たちの魂が、その完全性を忘れて完璧に眠り、また目醒めることを目的とした実験場が、この地球です。つまり、本来僕たちは一〇〇%の力を持つ完全な意識だったのです。完全な意識の存在たちが様々な星や惑星、そして宇宙から召集され、この大きな実験に参加したのです。

これはとても勇気のいることでした。なぜなら実験に参加することは「本来の自分」から切り離され、そのパワーを失うことを意味していたからです。神と協働している状態から、そのことをすっかり忘れ、まるで自分には対処できないことがあるかのような、そんな状態の世界へと自らを閉じ込めたのです。

何のためだと思いますか。

それは、すべてが可能である自分ではなく、可能ではない自分を経験したかったからです。できない、やれない、難しい、そうした経験を通して、様々なバイブレーションを体験したかったからです。無価値観や屈辱感、劣等感、罪悪感を感じたかったのです。そんなことが信じられますか。

もともとの僕たちは、やりたいことは何でもやれるし、なりたいものには何にでもなれます。それが宇宙意識の本質です。喜びや調和、自由、無条件の愛に満ちた存在です。そうした存在である僕たちには、三次元の制限に満ちた地球というフィールドがたまらなく魅力的だったのです。できないとはどういうことだろう？　やれないとは何？　どうしたら簡単なことを難しいって思えるのか？　その好奇心が地球にフォーカスして、実験に参加する動機になったのです。

実際、最初は地球で体験する様々なバイブレーションは、本当に魅力的でした。できないと誰かが助けてくれ、打ちひしがれていると誰かが慰めてくれ、難しいと感じるからチャレンジ精神をかき立てられ、高揚して、難問を克服した暁には達成感を感じ、周囲から認められる。そうしたシチュエーションごとの快感は宇宙意識の状態では体験できないものでした。

ところがそうした体験の中で輪廻転生を重ねるうちに、ゲームのルールとして自分たちで創りだした「カルマ（因果応報）」にはまり込み（それも最初は楽しかったのですが）、ミイラ取りがミイラになるように意識が眠りはじめ、さらにはまり込むことで深まり、自分たちが何しに来たのかわからなくなってしまったのです。簡単に説明すると、それがこれまでの僕たちの在り方だったのです。

それが今、方向転換する流れが起き、そろそろ目を醒まして、本来の高い意識の自分に戻ろうと多くの魂が目醒めることに同意したのです。

一九九九年、人類が滅亡するという予言が世間を騒がせたことを覚えていますか。予言には様々な解釈がありますが、人類が何の意識の変化も起こさず流れに乗り続けるならば、実際、滅亡することになっていました。ある場所に巨大な隕石が落ちて大惨事が起きることになっていました。つまり、実験を失敗させ、ゲームオーバーにしてすべてをリセットする計画が着々と進行していたのです。

でも人類は、先に進むことを選択しました。ギリギリでその流れから外れることができたのです。こんな話は信じられないかもしれませんね。僕が言いたいことは、そうした一連の流れが、今の状況につながっているということです。「人類が先に進むことを選択した」、言い方を換えると、実験を続行し、今度こそゲームをクリアーしようと決意したということです。

この一連の流れに大きく貢献したのが「チルドレン」です。「新しい」子どもたちが生まれてきていることは希望なのです。これからの未来が明るいことを示唆《しさ》しています。いま世界レベルで様々な問題が山積していますが、これは毒出し、膿《うみ》出しのようなものです。そんな中、もうこんな世の中にはうんざりだ、こんな生き方はやめようと現状を転換する人がたくさん出てきています。この本を読んでいるあなたもその一人です。あなたの意識の深いレベルでの同意がなければ、この本を手に取ることもありません。本来の自分は違うと感じるなら、単に目醒めることに抵抗しているのかもしれません。もし自分を思い出すことはワクワクすることですが、今までの生き方を終わりにすることには、怖さが伴います。なぜなら、「懐かしい自分」は、「今のあなた」にとっては「未知」のものだからです。でも、後述する統合のメソッドを使い続けることで、本来の自分が垣間見えると、あなたはどんどん快感とともに目醒めていくことでしょう。

くり返しますが、人間はもともと一〇〇％の力を持つ完全な存在です。この完全な存在が眠ることを選択したり、目醒めることを選択したりするのですから、どちらであっても、それはそれで完全なのです。

天使やアセンデッド・マスター（地球の輪廻転生の輪を抜けた、また他の惑星で覚醒した存在）、そして地球外生命体がなぜ僕たちをサポートしようとしているかといえば、地球上では深いレベルで目醒めようとしている魂が大多数だからです。大多数が魂の奥深くで「もう目を醒ましたい」と同意をしているので、天使やアセンデッド・マスターたちは、合図の旗を振っていると受け取って、それならと援助を買って出てくれているのです。

高いレベルで目醒めようとの気運が高まっている今、地球は次元上昇していきます。つまりアセンションが進行しています。それを促す高い周波数のエネルギーが定期的に地球に降り注いでいます。とりわけ大きなエネルギーが降り注いだのが二〇一二年の十二月二十一日、冬至の日でした。一部で、大異変が起きると騒がれたあの日です。あの日は、目に見えて何かが起こるのではなく、アセンションのプロセスを加速させるエネルギーが流入する日だったのです。そうはいっても僕にもはっきりしたことがわかったのは、二〇一二年の年明けのことでした。その日、明らかにエネルギーがシフトしたのですが、そのとき「年末には目立ったことは何も起きない」と直感したのです。つまり、破壊的な出来事などは何も起こらず、エネルギー的なシフトのみであることを悟ったのです。

魂の目醒めはアセンデッド・マスターや地球外生命体がすでに経験してきたことです。だから、先輩として何か役に立つことがあればとサポートの手を差し伸べてくれているのです。それが今の宇宙的な状況です。

彼らは、目醒める気のない人を無理やり引っ張り上げることはありません。別の言い方をすれば、目を醒まそうとする人と、このままでいいと眠りを選択する人とに、人間は二極化しようとしているのです。目醒める人とまだ眠っていたい人に、はっきり分かれつつあります。これまでは目醒める人も寝ている人も混在していて、なんとなく一緒にやっていくことができました。でも、二〇一五年からはその二極化が進み、周波数があまりに違ってしまうようなら、一緒にいることは難しくなるでしょう。

それが、二〇一六年の秋ごろには加速化します。

その頃また大きなエネルギーがやってくるでしょう。具体的にどのような変化が起こるかはまだわかりませんが、いろいろな意味で地球は、一、二年のうちに非常に大きくシフトする可能性があります。怖い予言をしているわけではありません。怖がる必要はありません。地球は、ちゃんと良くなっていきますから。

だから、目を醒ましませんかと彼らは呼びかけています。来年になってからではなく、いま方向性を明確にしたほうがよいのではないですかと呼びかけているのです。目を醒ますのか、眠り続けるのか。自分の人生の方向性を決めなさい、決めれば、その先が大きく変化していきますよ、と。

二〇一二年十二月二十一日から二〇一五年の二月くらいまでは、いわば猶予期間です。多くの人は、アセンションだと騒いだけれども何も起こらなかった、やっぱり何も変わらないのだと感じたかもしれません。でもエネルギーレベルで見ると、ものすごい変化が起こっています。だから今がとても大切なのです。

困惑する子どもたち

僕のところへは、子育ての悩みを抱えている方も多く訪れます。よくあるのが、集中力がない、落ち着きがない、思いつきで行動してしまうなど、医者から、ＡＤＨＤ（注意欠陥・多動性障害）やアスペルガー症候群ではないかと診断されるケースです。医者は事態が飲み込めなくても、なんとか病名を付けなくてはなりません。そこから治療を始めます。でも、診断が間違っていたらどうなるのでしょう？　とにかく病名を付けられ、薬を与えられた結果、その子の意識は朦朧《もうろう》となり、本来持っていた可能性が潰されてしまうという事態が現実に起こっています。親御さんはどうしたらいいのかわからず、深刻に悩んだ末に相談に来るのです。問題なのは、子どもを「障害児」とレッテルを貼って見る姿勢です。その子が本当に障害があるかどうかは判断の難しい問題だからです。

このようなケースがありました。

「息子は学校の先生から、発達障害の疑いがあるので、通常学級ではなく特別支援学級に進んだほうがよいのではないかと言われたのですが、実際どうしたらいいのかわからないんです」

早速、リーディングすると、その子どもが、

「僕は病気じゃない！　障害者でもない！　どうしてわかってくれないの⁉」

と必死に訴えている姿が視えました。親御さんに伝えると、「いつも彼はそう言って泣くんです……でも、どうしたらいいのか……」と頭をかかえてしまいました。親御さんは息子さんを信じたいけれども、学校の先生の発言に動揺し、混乱して、怖れや不安にさいなまれて、真実が見えなくなっていたのです。子どもの状態の真実は、障害ではなく「個性」だったのです。抜け道がわからず、迷っているその子のエネルギーを正しい道へと導いてあげることで、その状態は必ず落ち着いていくでしょう。

登校拒否がまだまだ問題になっています。学校は決まった枠の中で、一時間目は算数、二時間目は国語と、スケジュールにしたがって動いています。子どもたちがそのとき何を勉強したいのかは一切関係ありません。この時間は算数と決められていればそうしなければならないし、一律に制服を着なければならないと決まっていれば、私服を着て学校に行くわけにはいきません。ルールで縛り付け、そこからはみ出せば悪い子であると決めつけ、協調性がないのは何か障害があるのではないかと、奇異な目で見ることがよくあります。それがいじめにつながることも少なくありません。

多くの大人たちは学校で何か問題が起こると子どもたちを変えようとしますが、変わるべきは大人たちなのです。

子どもは意識的であれ無意識的であれ、大人よりはるかに自分の状態を「知って」います。この世に生まれてくるときに決めた計画の中では、「周囲に合わせたり、枠組の中に入らなくてもよい。心の声に従って生き、自分自身の可能性を最大限に発揮することがいちばん大切」とされてきたのです。ところがいざ生まれ出るとそうはいかないので、「どうして枠にはめられなきゃいけないんだ！　話が違うじゃないか！」と無意識レベルで反抗する気持ちが、登校拒否をはじめとする問題行動の形で出てくるのです。もちろんそれがよいと言うのではありません。ただ大人たちが子どもの真実の姿を理解して、子どもたちの可能性に目を向けてあげてほしいのです。

ガイドたちはよく、「子どもと接するとき、不安の目で見守るのか、信頼の目で見守るのかで、その子どもから何を引き出すかが決まる」と言います。不安の目では不安の要素をどんどん引き出してしまうのに対し、信頼の目では信頼できる要素をどんどん引き出し、子どもが持っている可能性や能力を伸ばしていくことができます。なぜなら人間の意識は、焦点を当てたものを拡大する作用を持っているからです。

もし子どもが発達障害とレッテルを貼られてしまっても、文字どおりに受け取るのではなく、まずはそれを個性として見てあげてください。通常こうした子どもはとてもパワフルで、そのエネルギーをどう扱ってよいかわからないだけなのです。場合によっては、そのエネルギーを発散させるために、合気道や太極拳など勝敗のない武道にかかわらせるのもよいかもしれません。それでエネルギーのバランスがとれるようになれば、少しずつ落ち着きを取り戻します。

彼らはインスピレーションに満ちているので、アイディアも豊富です。でも、それをどのように具現化していいのかがわかりません。なぜならグラウンディングがうまくできないからです。そんなときには自然の中に出かけ、ゆっくりと時間を過ごすのがよいでしょう。感情のバランスをとることにも役立ちます。そうすることでアイディアを形にしやすくなり、フラストレーションを減らすこともできます。ひいては本来の役割をスムーズに進めていくことにつながります。これらの子どもたちは多くの場合、非常にスピリチュアルで、これからの地球の大きな変化をサポートし、新しい世界を創り出す能力に長けた素晴らしい魂たちなのですから。そうした視点で彼らを見れば、彼らからたくさんのことを学ぶことができます。彼らは、今この瞬間瞬間を、精一杯楽しんでいます。

過去を憂い、未来を心配しながら過ごし、「今、ここ」にあるはずのチャンスに気づかず逃してしまうことの多い僕たちは、本当の意味で「健常」なのでしょうか。

そうです、本当の意味で障害などないのです。あるのは、ただの「個性」です。皆がそうした見方ができるようになれば、実は、もうそういう個性を持って生まれてくる「必要」がなくなります。なぜなら、そうした形を取って「教える必要がなくなる」からです。僕たちの意識が向上することは、それほど大きな変化を生み出すことになるのです。

ですから、もしあなた自身が発達障害などのレッテルを貼られているとしても、
「自信を持って、変わった自分でいてください」

僕たちがこの世に生を享《う》けたこと自体が、宇宙や神によってすでに認められ愛されているからです。もしその在り方や個性が間違っていて悪いのであるなら、そもそもあなたはここに存在していないのです。

また、こうした子ども達はとても繊細な資質を持ってもいますので、人との関わりの中で、とりわけ人混みの中に入ると、人々のネガティブなエネルギーをスポンジのように吸収してしまい、気分が悪くなったり重くなったりします。そんなときには、またふとお子さんのことが心配になったら、子どもが人の多い場所に入る前にその子を目の前に思い描き、その周りをシャボン玉のようなゴールドの光ですっぽりと覆う様子をイメージしてください。ゴールドのバイブレーションはとても高い波動を持っていますので、イメージするだけでネガティブなエネルギーの影響を最小限に抑えることができます。

ただしこのゴールドの光は一度イメージしても二十四時間はもちませんので、一日に数回イメージし直すといいでしょう。数秒でもしっかりとイメージすれば、エネルギー的な膜が確実にできあがり、守りの光とすることができます。これは誰もが使うことができる、様々なネガティブな影響から保護するためのテクニックですので、お子さんや周りの人に教えてあげるといいでしょう。あなた自身のためにも、周囲のためにも使うことができますから。

ちなみに、ゴールドの代わりにエメラルドグリーンの光で包むイメージをすると、肉体的・精神的な癒しのサポートになります。自分の体調が悪いとき、大切な人が病気のときにはぜひ試してみてください。この光で包み、数秒間でもその中で、自分や大切な人が元気潑剌としていて健康そのものであるところを思い描くだけで大丈夫です。心配は何のプラスにもなりませんが、こうしたイメージは必ずプラスになります。

お医者様をしているあるクライアントさんは、お子さんの扁桃腺の腫れがひどく、手術をするか否かの判断に迫られていたとき、この光を使って、患部がきれいに治っている様子を日々イメージしたそうです。しばらくそれを続けたあと、どのような状態になっているかを確認すると、あんなに頑固にあった腫れがきれいに引いていたそうです。光で覆うイメージは不思議な現象を起こすのです。

（第3章）

アセンションへのプロセス

大転換期のビッグウェーブ

今この地球はアセンションと呼ばれる時代に入っています。

アセンションは「次元上昇」と訳されます。その特徴を簡単にいうと、「統合」です。これまで分離してバラバラだった状態を調和させ、ふたたび「源《みなもと》（根本創造主）」へ戻るプロセスです。アセンションのひとつ前の動きを「ディセンション」と呼びますが、その特徴は「分離」でした。「源」を離れ、四方八方へと自由に飛び立ち、分離という体験を楽しみました。源からすれば、「一つ」である状態から無数に分かれ、それぞれが様々な経験を通して成長し、それを持ってまた源に戻って来ることで、「おお、お前はこんな体験をしてきたのか」「こんなこともか！」と、さらに自分をパワーアップすることができるのです。

すでに触れたように、「アセンションが起こる」と一部で騒がれた二〇一二年十二月二十一日は、とくに目に見える変化は起こりませんでしたが、あの日の意味するところは、本格的なアセンションの流れのスタートでした。

統合と分離――この二つはまったく相反する概念です。流れがガラッと変わったのです。言い換えれば、この宇宙の流れが、分離から統合へと向かって大きなシフトを起こしているのです。

僕たちはこれまで長い眠りについていましたが、いま多くの魂たちが、もういい加減に目を醒まして宇宙意識に還ることに同意しました。その結果、アセンションという流れが生まれたのです。もともと宇宙のすべてはつながっていますから、地球が次元上昇することは、宇宙全体の上昇を意味します。宇宙全体が一斉に波動を上げて統合に向かっています。地球の次元が上がることで、宇宙全体がそれに合わせてシフトしていく。地球だけの問題ではなく、宇宙レベルでとてつもなく大きな変化が起きているわけです。アセンションはいわば宇宙レベルのお祭りです。アセンションは、源に戻るという循環の一つです。大きな視点で観れば、遅かれ早かれ皆上がっていきます。サイは投げられたのです。

アセンションの前のディセンションのサイクルでは、次元を下降させました。ディセンションは源から遠ざかり、切り放されるような状態です。それぞれが各自の持ち場で様々な体験を楽しんだのです。

その特徴は「分離」です。人々の魂は何千年もの間、無力感や孤独感を味わい、経験し、宇宙的な観点からいえば、楽しんできました。ところが分離という振り子がこれ以上無理というところまで振り幅を拡大し、ついに極限まで達しました。分離を味わいつくしたのです。

その結果、人々の魂は、「これ以上の分離はたくさんだ、もういい加減うんざりした」とその終焉《しゅうえん》を求め、統合という宇宙意識への回帰に向かおうと決めたのです。

アセンションは、宇宙における自然なサイクルの一つです。宇宙は常に下降するディセンションと、上昇するアセンションを交互にくり返しています。ディセンション→アセンション→ディセンション→アセンションという道筋をくり返すのです。ディセンションあってのアセンションです。どちらも鎖の輪のように結びついている一対のものです。アセンションもディセンションも宇宙的な自然の循環ですから、何も特別なことではありません。

その周期はほぼ二万六千年。アセンションで約一万三千年、ディセンションで約一万三千年、合計で約二万六千年です。つまりアセンション→ディセンションの循環は宇宙の自然なサイクルに組み込まれている動きで、進化のためのサイクルです。これは人間が決めたのではなく、創造主・神が創ったものです。

一万三千年の新たなアセンションのサイクルに入った今、「分離」から「統合」に向かいはじめています。統合に向かうとは、人々の魂がすべてとつながっていることを思い出すことです。他人を抹殺したり、陥れたり、他人から奪ったり、搾取したりするのは分離の時代の産物でした。その歴史が終わりを迎えます。誰をも犯さないという在り方に変わっていきます。

これから人々は、自分たちにすべての力があることを思い出すことになります。そのことに気づけば、もう誰の手を借りる必要もありません。統率してくれるリーダーも必要ありません。誰もが自分本来の持つ力で、いわゆる権力者側のごまかしを看破できるようになります。すでにそうなりつつあります。権力者も画策しづらくなっています。真実に目醒めるエネルギーが潮のように満ちてきているからです。その中で、人々の魂は本当の意味で目を醒ましていくことになるのです。

トランスフォーム――サナギから蝶へ

地球は、サナギから蝶へと変身の真っ最中です。

これは比喩的《ひゆてき》な表現ではありません。宇宙的にはアセンションが進行中ですが、僕たちの肉体も、地球という惑星も、同時にアセンションを遂げようと、まさにサナギから蝶に姿を変えている最中なのです。

現在、地球には数ヵ月に一度ぐらいの割合で高い周波数のエネルギーが降り注いでいます。宇宙から見れば、この惑星の光の量がものすごく増えているのがわかります。周波数を上げてキラキラと輝いているのです。それぞれの惑星にもオーラがありますが、そのオーラと合わさって、この惑星は本当に美しくきらめいています。ですから、そこではすごいことが起きているに違いないと注目され、その結果、地球の周りにはものすごい数の宇宙船が滞空し、地球外生命体たちがかたずを呑んで事の成り行きを見守っています。

もうすぐ彼らとの正式な出会い、オープンコンタクトが始まります。二〇三八年頃、と僕は聴いています。彼らは慎重にその機を見計らっています。二〇一七年ぐらいにはUFOや地球外生命体が厳然と存在する証拠がオープンになる可能性があります。地球はそういう惑星に徐々に変わっていっているのが現状です。

地球に光の量が増えている一方で、地上では紛争や問題が絶えません。むしろ増大しています。原発、核の保有、領土問題、洪水や地震など天変地異と、課題が山積しています。これは脱皮寸前のような状態です。新たな世界を生み出すための苦しみ、毒出しのプロセスです。自らがクリアーにならなければ、完全な変身はかないません。嵐はワアーとやってきてすべてをめちゃめちゃにして去っていきますが、それが過ぎれば、晴れやかに澄みきった青空が広がります。この時期はそれにたとえられます。

大切なことは、今起こっているあれこれの事象に一喜一憂しないことです。嵐の向こう側に広がっている新しく素晴らしい世界に焦点を合わせることです。目先の出来事にとらわれると、巻き込まれてしまいます。

「目の前の出来事に恐怖や不安を感じたり論じたりすると、その出来事を強化することになります。恐怖や不安を感じることは、その対象に力を与えるからです。怖い、不安だというバイブレーションが相手に力を与えるのです。そのバイブレーションを手放し、与えていた力を自分に取り戻すことが大切です。それを取り戻せば、自分がパワーを持つことになり、それが、山積するあらゆる問題のエネルギーを消し去る力になります。議論を尽くしても、問題は解決しません。問題にエネルギーを与えないことです。それらの問題は、集合意識（僕たちが深いレベルで共有する意識）下で僕たちが生み出したバイブレーションを映し出したものにすぎないからです。

自分のパワーを取り戻すには、

「もうこんなことをやっている場合ではない。これまでさんざんやり尽くして、そこから僕たちはもう充分に学んだはずだ。いい加減、目を醒まそう」

とはっきり宣言すること。ここからスタートすることです。

あえていえば、目を醒ますために様々な問題をみんなで共振しながら創り出しているのです。問題を創り出したバイブレーションを統合していくことで、そのことがよく見えてくるでしょう。

二極化する人々

この時期、地上での顕著な動きは、二極化です。

人は皆同じ現実を生きていると思っていますが、魂のレベルで目醒めて生きることを選択した人、眠ったまま生きていくことを選択した人の二極化がすごい勢いで進行しています。目醒めた人は、宇宙の真実に気づきながら自分自身の望む人生を生きることになり、眠ったままの人は、旧態依然とした古い地球の現実に留まります。その違いは、その人が自分の現実をネガティブに受け取るか、ポジティブに受け取るかによって分かれます。

この地球はもうどうしようもないとネガティブに受け取れば、その人はネガティブな現実をそのまま体験することになります。そうなると、どんどん周波数を上げている地球に同調できなくなり、周波数がかみ合わなくなります。地球は螺旋を描きながら上昇しているのに、僕たちが降りていけば、上昇エネルギーと下降エネルギーで摩擦を起こし、痛みや苦しみを生むのは、ある意味当然です。地球に同調できず、周波数の違いがあまりに大きくなれば、地球に生まれ変わることもできなくなり、地球を去るしかなくなります。地球とともに生きていくという意識がなければ、地球に転生することはできないのです。地球を去ったそうした魂は向こう側の世界で、高い周波数に同調するトレーニングを受けた後に、再び新しい地球に生まれ変わってくるか、それも選択しない魂は、今までの地球と同等の物理次元の惑星に転生することになります。一方、ポジティブに地球との共存を選択する人は調和のもと、ポジティブな流れに乗り続けることになるのです。こうして同じ地球にいながら、両者はまったく違った人生を歩むことになるでしょう。

地球が宇宙連合に迎え入れられるとき

アセンションの時代に入った地球は、今後、宇宙連合の中に加わっていきます。

国と国との間に外交があるように、宇宙にも星と星との付き合い、外交があります。地球はこれまで深い眠りについていたため、他の星との外交的な関わりは持たず、宇宙連合からはある種、隔離されていました。というのも、僕たちの持つ不安や怖れなどの地球の低いバイブレーションは彼らとあまりにも違っていたせいで、彼らが地球に接近しようものなら、「うわ、一大事だ！」と臨戦態勢をとる反応にしかつながらなかったからです。異星人が襲ってくるという刷り込まれた恐怖にとらわれて、異星人や地球外生命体、ＵＦＯという言葉を耳にしただけでパニックになってしまい、彼らと友好的に話し合う余地もありませんでした。

それが原因で、彼らはオープンコンタクトができませんでした。

しかし僕たちの魂が周波数を上げて、そうした観念を徐々に手放し、宇宙意識に目醒めていけば、彼らと対等にコンタクトできるようになります。それを彼らも心待ちにしています。二〇三〇年代の後半にはオープンコンタクトが始まります。つまり宇宙との外交が始まろうとしているのです。宇宙連合の一員として迎え入れられ、地球という惑星の位置づけが宇宙連合から公認されるようになるのです。これは、統合を目指すアセンションのプロセスにおける副産物のようなものです。

実をいえば、かつての地球は天使やマスターたちとの交流も制限されていました。地球と高次元の存在との間には波動の差による見えない壁があって、彼らは入ってくることさえできませんでした。特定のポータルを通って一部がひそかに出入りするぐらいが関の山でした。ところがこの壁が薄くなって、彼らもより自由に地球に入れるようになったのです。

日本は浮上します

宇宙的なことを言っているとかならず聞かれるのが、日本はどうなっていくかということです。結論を先に述べると、僕が上から聴くところでは、日本は浮上します。今後、日本本来のブループリント（青写真）を認識し、それを活性化し、実現していくことで浮上するのだそうです。

日本にはアジア圏をリードしていく役割があります。世界中の多くの地域が争いの渦に巻き込まれていくなか、日本は調和、礼節などの高い資質を示すことで、周囲の国の人々の意識を上げていきます。国の本来の在り方の見本になるのです。人類の大きな発展に役立つ技術の開発も、ここ日本から生まれていくそうです。

他国と戦争になりかけても、日本は高い資質で対応することが求められます。たとえばどこかの国が敵意をむき出しにして攻撃をしてきたとき、日本も同じように対応するとしたら本末転倒です。同じ次元でぶつかり合うのでは、お互いに怒りや憎悪というバイブレーションを増幅させるだけで、さらなる大混乱を招くことになります。でも日本の周波数とエネルギーは徐々に上がっていきますので、他国に居丈高に迫られても、違う形で対処することになるでしょう。その姿勢を通して、アジア諸国を調整していく役割を担うことになるのだそうです。

一喜一憂しない

どんと構えてポジティブな未来を見据える

アセンション後のこの地球と人間たちはどのように変化するのか、どんな感覚が伴うのか。僕はそれをビジョンで見せられて体感したことがあります。でも、いつどういうことが起こるかといったような予言的なことを、僕は基本的には口にしないことにしています。それを口にすれば、人々の意識、ひいては世の中を乱すからです。富士山が爆発するとか、巨大な地震が近々やって来るとか、その類の話は巷に溢れています。そうした情報を流すことが役割の人もいるかもしれません。実際、僕も3・11の震災後、逐一地震の流れを追いかけていました。その流れを伝えることで、日にちは変えられなくても規模が変わる、あるいは流れそのものが変わる――と経験上知っているので、情報を流すことに非難や批判をしているわけではありません。僕の役割はそれを伝えるのではなく、そういった変化に伴う大惨事をできるだけソフトランディングさせることなのです。僕たちは大きな出来事が起きないとなかなか目を醒ますことができないものですが、できるだけソフトランディングすることで変容を促すことが、僕のもう一つの役割だと信じているのです。

宇宙は基本的に地球上の出来事に直接干渉できません。介入できることと介入してはいけないことがあります。たとえば、史上最大級の台風がやって来るなどと、昨今の異常気象が声高に取り上げられていますが、なぜ異常な気象現象が頻発《ひんぱつ》しているかといえば、基本的には浄化のためです。浄化が必要なければ、宇宙と協働し、回避させることも可能です。でもどうしてもそれが必要なら、ある種の工作をして、少しでも穏やかに、あるいはなるべく早く通り過ぎるようにします。僕たちと上が一緒になって、そういうバランスのとり方をすることは可能なのです。

アセンションはすでに始まっていて、今のような状況でも、統合へと確実に進んでいます。とはいえ昨今、世の中はものすごいスピードで動いていて、以前なら数年先まで読むことができた流れが、今ではせいぜい半年先までしか読めません。刻々と事態が動き、著しく変化しています。

そのとき大切になるのが、目の前の事態にとらわれないことです。どうしよう、どうしたらいいのかと右往左往しないことです。激動する事態は、良くなっていくためのプロセスだと捉えてほしいのです。一つひとつの出来事に一喜一憂するのではなく、どんと構えてポジティブな未来を見据えることです。これから、どんなふうに変化していくかとワクワクすれば、その意識がさらなるワクワクを引き寄せ、ポジティブな流れを導いていくことになります。

光の担い手・ライトワーカー

一九七〇年以降、大きな転換期を迎えた地球の変容をサポートするために生まれて来た人たちが多くいます。そうした人たちが、世界の様々な地域に根を下ろし、地球と、そこに生きるすべての存在の目醒めをサポートしています。その潜在的な数は、優に十万人以上にのぼります（この本を読んでいる皆さんの多くも、その一人でしょう）。彼らを、スピリチュアルな世界では「ライトワーカー」と呼ぶこともあります。光を運ぶ人、地球の変革をサポートする人、次元上昇を手助けする人、などの意味が含まれています。まだその役割に目醒めていない人もいれば、すでに自覚している人もいます。

目醒める人が増えれば増えるほど、高い周波数を地球にアンカリング（接地）することになり、人々のアセンションへの道を拓くことになります。

高次元の存在たちは、二〇二〇年までに世界中で十四万人以上のライトワーカーが目醒めることを望んでおり、それが地球の変容をよりスムーズにする重要なポイントになるだろうと伝えてきています。実際、僕のところには、そのためのスクールを開くことに対して働きかけてくださっているマスターたちが増えてきています。二〇一五年以降、変化の流れが加速していこうとする今、水面下では新たな流れが展開しているのです。

サポートしているのは人間だけではありません。植物をはじめ、クジラやイルカ、その他の動物の一部たちも目醒めのための役割を担っています。そうして高い周波数のエネルギーをこの地球にアンカリングしているのです。

二〇一二年十二月二十一日には、宇宙から精妙で非常に高い周波数のエネルギーが地球に流入しました。それは地球上のすべての意識をグンと引き上げることをサポートするエネルギーでした。そこから約三年を経て、今また大きくシフトするための第二波がやって来ようとしています。変化は加速します。二〇一六年の後半には顕著になるでしょう。その意味で、僕は来年もまた、大きな分岐点になると感じています。

では、その流れに乗るには、どうすればいいのでしょうか。

それにはまず、目を醒ますと明確に「決める」ことです。本来の自分、ありのままの自分を生きようと「決める」ことです。自分が自分の人生の主人公なので、自分が決めなければ何も起こりません。意識が変われば言動が変わり、「現実が変わる」のです。そうした意識が、あなたを高みへと引き上げることを可能にします。

目醒めは連鎖する

一人が目醒めると、周囲も影響を受けます。なぜなら、ある人が目醒めて高い周波数に上がっていくと、その人は「高周波ステーション」となって、高い周波数を電波のように発信するからです。身近な人だけではなく、すれ違うだけの人にも、遠く離れた場所にいる人にも影響を与えはじめます。周波数を上げれば上げるほど、広範囲に影響を与えるようになります。人間はもともと高い周波数の存在だったので、それに感応する習性があるからです。

本来の自分を思い出したい、目醒めたいと思っている人の意識は、目醒めた人の周波数を敏感にキャッチして、それを受けとります。つまり一人が変われば、僕たちは深いレベルでは「一つにつながっている」ので、あらゆる人がその影響を受けるのです。「私一人が変わったところで……」と自己卑下する人がいますが、とてももったいないことです。なぜなら、あなた一人が目醒めることで、ポジティブで、大きな変化を与えることができるからです。

もちろん高い周波数に触れても、目醒めない人はいます。

イエス・キリストは高い周波数のエネルギーを根付かせるためにこの地上に降りて来ました。彼は様々な奇跡を見せましたが、奇跡を見せることで、神の子である人間本来の可能性を示そうとしたのです。難病を癒したり、水をぶどう酒に変えたり、嵐を静めたり、パンや魚をとりだしたりと様々な奇跡を行ないましたが、彼は、それを特別なことだとは決して言わず、

「あなた方は皆神の子であり、私にできることはあなた方にもできる。神と一緒なら、あなた方にできないことなど何一つない」

と説きました。人々は、初めこそ次々に行なわれる奇跡に驚き、神を畏れる気持ちを示しましたが、それを聞くや否や耳をふさぎ、怖れ、そんなことは自分たちにはできるはずがない、それは悪魔の仕業だ、悪魔め、出て行け！　と罵《ののし》り、石を投げはじめたのです。

なぜそのような反応をしたのでしょうか。

まだ目醒めたくなかったからです。眠っていたかったのです。前にも触れましたが、僕たちはこの地球に実験（ゲーム）をしに来ました。できない、やれない、難しいという、完全な意識では体験できなかった不完全さを楽しみながら、また再び目を醒ましていくというゲームです。不完全であるためには、完全であることをすっかり忘れ、眠らなければなりません。ところがせっかく深く眠ったところで、イエスの高い周波数の言葉に触れてしまったために、人々は慌てて耳をふさいだのです。「そんなことを聴いたら、せっかく眠ったのに目が醒めてしまう！」と彼を遠ざけたのです。

つまり目を醒ますことは、優劣の問題ではなく、単に選択です。シンプルにいえば、目醒めたければ目醒めればいいし、寝ていたければ寝ていればいい。もともと完全な意識である僕たちの選択でしかなく、そこには良いも悪いもないのですから。

目を醒まして生きると、人生はシンプルでスムーズになります。本来の創造力とつながるので、人や状況や物ごとを含めた自分の望むことが、向こうからやって来るように、速やかに実現するようになります。何かが欲しい、ああしたいこうしたいと思うと、思いがけずにプレゼントされたり、話がやってきたり、条件が整ったりします。

周りの人から、「並木さん、あなたはなぜ、何でも物ごとが思うとおりに進むのですか」と聞かれることがあります。

それは日々、それも四六時中、ネガティブなバイブレーションを手放して、自分の宇宙意識につながり、その特徴である調和の周波数から現実を創り出しているからです。調和を反映するので、自然に調和がとれてしまうのです。

ただ、人生が複雑になることで生きている充実感を得る人もいます。問題を抱え、解決に向かって日々奔走することに生きがいを感じるのです。言い換えると、僕たちはそういう生き方が大好きでした。問題をつくりだし、それに対処して解決することで、「こんなにがんばっているんだから認めてよ」と誇らしげに振る舞うのです。ですので、高い周波数になって物ごとがシンプルになると、複雑さが消えてしまう分、そうした生きがいは感じられなくなります。

でも、その認めてほしいという心の奥には、無価値感が潜んでいます。

地球に降りてきたときに、最初に刻みつけたバイブレーションである無価値感です。あるいは自分が幸せになることで、誰かが不幸になるのではないかという罪悪感です。この無価値感と罪悪感という二つの大きなバイブレーションが人類の中に深く根付いています。目醒めるということは、そうした無価値感や罪悪感を含め、自身の中に刻みつけられていたバイブレーションを手放していくことです。そうした刻み付けられた重しを外し、意識が軽やかになることで、あなたの周波数は螺旋を描くように上がり、本来の自分自身である「宇宙意識」につながっていくことになるのです。

（第4章）

人間ドラマから抜け出す

四つのドラマ

十年ほどスピリチュアル・カウンセラーをしていてわかったことは、多くの悩みは次の四つに大別できるということです。

お金のこと。

病気のこと。

人間関係のこと。

自分とは何者か、なぜ生きているのか、という本質（スピリチュアル）に関わること。

病気、お金、人間関係の悩みは、いつの時代もそれほど変わりません。前世でも過去世でも、人々は同じようなことに悩んでいました。古代エジプトの遺跡に、「近頃の若い者は……」というぼやきが刻まれているのは、有名な話です。

ところで増えているのが最後の、自分とは何者か、なぜ生きているのか、という悩みです。これはとても今日的な悩みです。哲学者や思索する人は別として、大勢の人がこういう悩みを抱えている、そういうテーマを自問するという時代を僕は知りません。時代の大きな曲がり角には、本質的な疑問にぶち当たるようになるのでしょう。素晴らしいことだと思います。

リーディングを行なう中でそれぞれに浮き彫りになった、悩みの本質をまとめてみました。あなたにも当てはまる部分があるかもしれません。

（お金の悩み）
お金は汚いもの？

あなたはお金がきれいだと思いますか。汚いと思いますか。

この問いに、中立だと答える人はなかなかいません。きれいか、汚いか、どちらかを答えるのが普通です。というより、意識的か無意識的かは別にして、お金は汚いものと思っている人が圧倒的に多いように見受けられます。

お金については、ある種の刷り込みがあります。お金はたくさんの人がさわっているから汚い、というものです。小さい頃、「お金にさわったらちゃんと手を洗って」と注意された覚えはありませんか。このしつけは今でも世の中に生きています。お金自体が汚いわけではないのに、いろんな人が触れている、どんな人が触れたのかわからない、だから汚いと教えられたのです。

汚い、バッチイからさわらないで、と子どもの頃から言われてくると、刷り込みになることがあります。お金は汚いものだという刷り込みから、お金は良くないものだ、お金に関わるとロクなことがない——という観念が生まれます。するとお金を自分で稼ぐ段になってそれを手にしはじめると、嬉しい反面、無意識のうちに、それを遠ざけようとする気持ちが働きます。すると、自分の人生にお金が回らないような流れが生まれてしまうこともあるのです。

お金にはある種の魔力があります。

お金さえあれば何でも手に入る、何でも自由になる、幸福だって手に入れられる。だからお金は全能だ、そう思わせる魔力です。人類は何世紀にもわたってこの魔力に突き動かされ、見果てぬ夢を見てきました。それゆえに、その魔力を熟知していた賢者は、「多く持つべからず」と戒めたのです。それが汚いという観念を生みました。にもかかわらず、お金はいつの時代も人々が求めてやまないものです。

では、お金は遠ざけるべきなのでしょうか。実は、宇宙から観たら、お金もただのエネルギーであり、良いも悪いもなく、どこまでも中立です。

お金につきまとう罪悪感

お金の面で問題のない人はまずいません。だからお金のことは必ずドラマを生みます。古今東西、お金にまつわるドラマは無限です。個人にとどまらず、家族間で、友人間で、遺産相続や借金の問題などをめぐって、ありとあらゆるドラマが生まれています。

お金には罪悪感というバイブレーションが色濃くつきまとっています。

「お金は汚いからそんなに稼ぐものではない」

「お金をたくさん持つことはいいことではない」

と、お金をたくさん持つことに関しては、良くないことだという観念が根付いているのです。お金のことだけはどうにもならないと白旗を上げる人が多いのです。

宇宙から観れば、何事によらず、すべてがエネルギーです。お金のことだろうと、健康のことだろうと、恋愛のことだろうと、心の問題であろうと、本来何の違いもありません。この世の中にあるすべてのもの、僕たちの身体も、そこにある椅子もコップもどれも、ただのエネルギーです。ただのエネルギーなので、きれいも汚いも、良いも悪いもありません。どんなエネルギーも本来は中立です。

にもかかわらず、なぜか僕たちはお金に関してはものすごく罪悪感を抱いています。お金について語るとき、多くの人が波動の水準を落とすのは、この罪悪感というバイブレーションゆえです。

スピリチュアルなことを学び周波数が上がったという人でも、このテーマになるとガクンと波動が下がります。スピリチュアルな世界では、もっと豊かになりましょうと言います。でもそういうことを口にしながら、ことお金、経済面で本当の意味で豊かな人はめったにいません。結果が伴っていないのです。大天使ミカエルをチャネリングするアメリカのあるチャネラーが、豊かさに関するインタビューを受けていたとき、「私が豊かでなかったら、誰が私の話を聞きに来るのでしょう?」と話していたのが印象的でしたが、彼女は物質的、精神的両面でとても豊かでした。まさにそのとおりなのです。

それは多くの人が、お金を三次元の意識、つまり制限の意識で見ているからです。たとえばいま手元に十万円あるとします。二万円を使えば八万円しか残りません。そのとき、このお金を使っても大丈夫だろうか、この先稼げるのはあと何年しかない、老後のために貯めなければならないなどと、先細りの不安が芽生え、お金を使うことへの不安が生まれます。

でも、宇宙意識につながると、その感覚が、物ごとを起こす意識、生み出す意識に変わり、先細りという概念が溶けて消えていきます。お金がなくなるのではなく、お金を生み出す意識になり、減ることへの不安ではなく、お金を楽しいことに使おう、ワクワクすることに使おうと思うようになります。その結果、本当にお金が増えることになります。宇宙意識につながって生きる人と制限の意識で生きる人とでは、そうした違いが明白になります。お金のことは心配ないと言う人でも、制限の意識の次元にいる限り、先細り感から解放されることはありません。

スピリチュアルな世界には、アファメーションというものがあります。これは肯定的断言といって、望んでいることを具現化するために、目的を呪文のように唱えることです。たとえば、お金持ちになりたければ、「私はお金持ちです、私はお金持ちです」と唱えるわけです。でも、制限の意識の中でそれを何万回唱えても、決してお金持ちにはなれないでしょう。制限の意識は生み出す意識ではないからです。この制限の意識の次元から宇宙意識の次元に出ていかなければ、唱えたことが実現することはありません。

でも、宇宙意識の次元に出て「私はお金持ちです」と唱えれば、それは可能になります。実現してしまうのです。本当にすごいことになります。

宇宙意識の次元では、一生懸命唱えなくても、こうしたいな、こうなりたいなと思っただけで、向こうからそれがやって来るようになります。何かをやりたいと思えば、情報やそれを提供してくれる人、そのための環境がストンストンといちばんいい方法で入ってくるようになり、はたから見ると、不思議に思うでしょう。「どうしてあんなにスムーズにいくんだろう?」「なんであの人は思いどおりに進めるんだろう?」と奇跡が起こっているように見えるでしょう。でもそれは奇跡などではなく、宇宙意識の次元では、とてもナチュラルなことです。そういうことが自然に起こっていくのです。

お金はドラマの宝庫

世の中には、いわゆる大金持ちがいますが、彼らが皆幸せかというと、必ずしもそうでもありません。お金を持っている人は私生活の面で、健康上、あるいは家庭内に大きな問題を抱えていることがよくあります。魔力に振り回されているのです。

本来、宇宙意識そのものである僕たちは、限りない豊かさに包まれています。

本來なら、自分がこれを欲しいと思えば、何でも得ることができるはずです。ところが自分の人生を振り返ってみると、そうはなっていません。健康や友人関係はうまくいっていても、お金だけは別、と但し書きがついています。

「お金だけは別」とは一体どうしてでしょう?

お金がなければローンが払えない、家賃が払えない、食費が払えない、病気になっても治療費が払えない、何をするにもお金がなければ生きていけない、そういう意識とともに、お金というものを特別扱いしてきた結果、僕たちはお金にまつわるドラマの中で様々な役柄を演じることになります。

お金がないから自分には力がないと思っている役、お金がなく稼ぎも少ないので家族に何の満足も与えられないでいる役、もちろんお金があり余っている役、それらをみんなが演じますが、そのドラマの根底には、罪悪感というバイブレーションが、しっかり息づいているのです。

多くの場合、罪悪感はお金に付着していますので、お金を得ると、自分が気づいていなくても、罪の意識が自動的に発生します。お金がたくさん入ってきたせいで、家族とトラブルを起こし疎遠になるどころか一家離散したりするのは、お金が罪悪感とつながっているからです。そしてそれがきっかけとなってお金以外のことでもトラブルを起こすようになります。僕たちはそういうトラブルを自分で演じたり他人が演じているのを見ては、罪の意識を感じたり、裏切ったり裏切られたり、敵味方に分かれて敵意をむき出しにしたり、仲間意識から結束を感じたり、怒ったりと、まさに罪悪感をベースに楽しんできたのです。「楽しい」というのは、もちろん「宇宙意識」の視点においてという意味です。この世界の意識では、巻き込まれてしまっている当の本人は、楽しいどころではないでしょう。

でも、そうした当事者でも、ある一瞬グーンとズームを引くことで「ああ、なんだかんだ言っても、案外楽しんでるのかも……」「好きでやってるのかも……」と、ふと気づくことがあるかもしれません。事の本質に触れた瞬間です。そうすると、そのドラマから抜け出すきっかけが観えてきたりもします。

お金と罪悪感をくっつけていない人も、もちろんいます。そういう人はお金との親和力が強い人です。つまり罪悪感から豊かになる価値を認めず、それを受け入れない人は、お金が入らない現実を生み出すのに対し、豊かさを受け入れるだけの価値が自分にはあるのだと罪悪感を持たない人は、お金のルートを簡単に拓くことができるのです。

ある記事で読んだ話ですが、豪邸住まいを願っている男性がいました。

豪邸は十億円ぐらいします。そんな大金は自分では稼げないどころか、無職です。豪邸は夢のまた夢の話でした。彼は精神世界に詳しく、本来の自分は、宇宙意識につながれば、何でもできる、何でも起こり得ると信じていました。彼は、高い意識を使えば、お金を介さなくても豪邸ぐらい得られるはずだと考え、学んできたスピリチュアルな知識が本当に役に立つのか、実験をしてみたのです。

意識を高めるためにワクワクすることだけに集中し、周波数をそれに合わせました。自分の心が本当に喜ぶ生き方をしたいと考え、嫌なことは一切しませんでした。そんなある日、アメリカに住んでいる先輩から一本の電話がかかってきました。

「もしもし、○○かい？　元気？　いま何やってるの？　まだフラフラしているの？　だったら旅費はこっちで持つから、アメリカに来ないか？　ちょっと話があるんだよ」

彼はおもしろそうだと感じ、二つ返事でアメリカに向かいました。

その先輩の話はこうでした。

「知り合いが豪邸に住んでるんだけど、仕事の関係でその豪邸を留守にすることになったんだ。それで自分たちがいない間、住み込みで管理してくれる人を探してるらしいんだ。もちろん、管理費としてお金も払うという条件だよ。良い話だと思うんだが、どうかな？」

「来た！」と彼は思ったそうです。無職なのに夢にみた豪邸に住み、おまけにお金までもらえるのです。実験が現実になった瞬間でした。

これは、彼だけの特別な話でしょうか。

僕たちは宇宙意識につながることで、宇宙と同じ無限の可能性にアクセスできるのです。宇宙は文字どおり「無限に豊か」です。そして彼は宇宙意識の流れにつながる魔法の言葉「こ・ひ・し・た・ふ・わ・よ」、つまり「心地よい」「惹かれる」「しっくりする（すっきりする）」「楽しい」「腑《ふ》に落ちる」「ワクワクする」「喜びを感じる」の感覚（１３３ページ参照）と同様のテーマに取り組み、成功したのです。

豊かさは、必ずしもお金を介さずにやって来ます。たとえばブランド物のバッグが欲しいとしたら、普通は値段がいくらだから、自分の給料から考えて毎月これだけ貯金して、何ヵ月後には買える、と計算しますが、自分で買わなくても、誰かにプレゼントされても、抽選か何かで当たっても、譲り受けてもいいわけです。宇宙意識につながると、様々な可能性が開けます。こうしたいな、これが欲しいなと思うと、すぐさま簡単に実現し、手に入ることが日常茶飯事になりますが、別に奇跡ではありません。それは自然なことなのです。本来の僕たちは豊かさそのものなので、宇宙意識につながれば、いちばんいい条件で、人や物や状況やチャンスが目の前に入って来る、そんな状態になるのです。

宇宙意識につながると、調和、平安、無条件の愛、という宇宙意識の本質であるバイブレーションを使った現実を映し出すことになるので、それが現実に反映されるのは当たり前です。目の前の現実が自然にうまく流れていくのです。そして無限の可能性にアクセスすることから、たとえば何かを実現しよう、したいと思ったときに、それができることが「わかる」ようになるのです。信じるのではなく「知っている」状態になります。そして、どうすればよいかまでもが観えてくるので、それに従って動いていけば、自然に形になってしまうわけです。

実現したい方法がわからなくても、楽しいこと、惹かれることに素直に従っていれば、宇宙意識につながり、向こうからストンストンと必要な条件が入って来て、気がついたら実現してしまうことになるのです。つまり、もともと「不可能なことなど何もない」という意識から行動するようになるので、本当に自由な意識で人生を生きることが可能になるのです。

年金の問題しかり、非正規雇用の問題しかり、お金をめぐるすべての問題は、先細りするという意識から複雑さを生み出しています。でも、制限の意識の次元からではなく、宇宙意識の本質である無限の意識から行動すれば、あらゆることに調和がとれてくるでしょう。生み出す意識になることなので、何歳だからこう、世の中の流れがこうだからというような過去の習慣から抜けて、本当の豊かさを実感できるようになるでしょう。

本当の豊かさとは、何億ものお金を持っていることではなく、好きなときに、好きなことができることです。億単位のお金を持っていても、健康を害し、時間に追われ望むことができなければ、何が豊かだと言えるのでしょう。宇宙意識からは、本当の豊かさを無限に生み出すことができます。なぜなら、宇宙意識は「生み出す、起こす」次元だからです。

（病気の悩み）
病気はサインです

宇宙的な観点からいえば、病気は、「本来の自分からずれていますよ」というサインです。あなたが本来の自分を生きていないとき、あなたのハイヤーセルフは、「本来の道」に戻れるよう様々なサインを出すことで気づきを与えようとします。病気はその一つの形です。たとえば、もう今の会社にいることが自分にとって相応しくないと感じているにもかかわらず、

「仕事を辞めて、生活はどうするんだ」「本当にやりたいことに踏み出す勇気がない」「仕事を変えるのは、逃げではないか」などと、頭の中でグルグル思い煩《わずら》いながら悶々と生きていると、必ず限界が来ます。ある日、いつもの通勤電車に乗ろうとホームで待っていて電車のドアが開くと足が動かない、いわゆるパニック症候群に陥ったりします。重篤な病気になる人もいるでしょう。そのとき人々の大半は、「突然こんな病気になってしまって……」と口にします。

でも実は、突然病気になることはありません。出続けていたサインを、できない、やれないと聞かないフリをし無視し続けた結果、「強制ストップ」がかかり、「いい加減気づいてください」「一旦立ち止まって人生の軌道修正をしてください」と促されるのです。それに気づく人はまだよいでしょう。なぜ自分が病気になったかをふり返らず、まだこれまでのやり方を貫こうと病室にまで仕事を持ち込み、必死に同じことを続ける人もいます。その結果、病気はさらに進行し、最悪の場合は死に至るのです。

もちろん、何を選択してもかまいません。正しい、間違いではありません。ただ、せっかくのサインです。病気になったり具合が悪くなったなら、なにか本来の自分とずれていないだろうか、すべきではないと感じているのにやめていないことはないだろうかと問いかけてみることは損ではありません。自分が喜ぶことにもっと意識を向ければ、あなたは確実に健康を回復するだけではなく、その後の人生の質を何倍にも高めることになるでしょう。

また病気になることで「何かを学ぶ」こともあります。

たとえば病を経験することで、健康であること、「普通」であることのありがたさを知ることができます。そこから感謝する気持ちが育ったり、自分や他人に対する思いやりが深まるきっかけにもなります。家族の誰かが病気になって、家庭内の絆が強まり、気持ちがまとまったという話がよくありますが、まさにそういうものなのです。どちらにしても、そのことを頭の片隅に入れておくことで、不調に対する今までの視点から解放され、より自由に生きていくことができるようになるでしょう。

ところでサインはどのような感覚でやって来るのでしょうか。

感情面でいえば、不安、心配、嫉妬、無力感、絶望感、怒り、ねたみ――そうした心地よくない感覚でやって来ます。そのようなネガティブな周波数が結晶化し、腫瘍を作り出したり、あなたの生命力を奪ったりするのです。それが病気の一つの形です。

では病気になってしまったら、一体どうすればよいのでしょうか。

シンプルにいえば、ネガティブなエネルギーを外すことです。

人の根幹にあるのは意識です。意識が変われば、言動が変わり、言動が変われば、現実が変わります。

西洋医学の分野ではずいぶん前から、意識の大切さが理解されはじめています。しかし理解はしたものの、どう医療に活かしていくか、そこが見えていないのが現状です。西洋医学がたどり着いたのは、「意識の波動を上げる」ことで変化が促されるという事実です。波動を上げれば病状が変わるということがやっとわかったのです。それではどうしたら波動を上げることができるのか、そこがまだわかっていないので、大きな変革ができないでいます。

「統合」という観点から観れば、波動を乱しているネガティブなエネルギーを捉え、それを手放すことで周波数を高める、そのことに尽きます。そうすれば病気を作り出していたバイブレーションが外れ、病気はそこに留まることができなくなり、治癒していくことになるのです。

昔から「病は気から」といわれてきました。

気持ちの持ちようが病気の原因だというわけです。自分に自信がなく、他人の言動や周囲の出来事に一喜一憂し、常にぶれていると、波動は安定せず、それはストレスになります。そして免疫力を低下させ、病気を引き起こします。反対に、しっかりした自分の考えを持ち、物ごとを前向きに捉え、毎日をワクワク楽しんでいると、病気に対する抵抗力も高まり、病気にかからず、たとえ病気になったとしても、速やかに回復していくことになるのです。

僕はその「病は気から」の「気」を、波動、バイブレーションであると理解しています。

シンプルな言い方をすれば、波動が下がっている状態では病にかかりやすく、波動が上がっている状態では病にかかりにくいということです。そうした意味で、この諺《ことわざ》は正しいといえるのでしょう

ここで大切なポイントがあります。たとえ波動を上げることで病気から解放されても、生き方を変えない限り、遅かれ早かれまた同じような症状を呈するということです。病気はまずサインとして出てきますが、それは「本来のありのままの自分らしい生き方」にシフトしていきましょうという内なる呼びかけであり、魂が自由になりたいと叫んでいる状態なのです。言い換えれば、人生の軌道修正という大きなチャンスを与えられているのですから、これまで以上に自分を大切にし、心の声を尊重して行動することが大切です。そうすれば、あなたはより健康になり、人生の質もますます高まっていくでしょう。

宇宙意識につながり本来の自分と一致した生き方をしていると、体調も崩しません。自分の周波数が上がっていくと、低い周波数とは一切かみ合わなくなります。接点がなくなるのです。それゆえ病気の周波数から自然に外れ、病気をしなくなるのです。

言い換えると、病気になるというのは、風邪なら風邪というある特定の周波数に無意識レベルでチャンネルを合わせてしまった、ということです。

一度こんなことがありました。

ハワイにいたときのことです。弟から、娘が高熱を出して寝ているがインフルエンザじゃないか、と心配してメールが来ました。すぐに、姪がどんな状態かを霊視しました。霊視に距離は関係ありませんから、たとえ地球の裏側でも問題ありません。ただそのときは対象が姪で、メールにつらそうだとあったためでしょうか、客観性を保てず入り込みすぎて、思わず姪の症状に同調してしまったのです。インフルエンザではないことがわかってホッとしたのも束の間、そのとたん、それまで何でもなかった僕の体調に異変が起こったのです。くしゃみを連発し、喉が痛くなり、寒気がして、熱っぽくなってきました。すぐに「引いて」しまったとわかりました。風邪の症状に同調して自分にうつしてしまったのです。患者が僕のそばにいないのに、同調することで引っ張ったのです。僕は、すぐにそのバイブレーションを外し、ひどくなることはありませんでしたが、こうやって病気に同調するのかと、改めて確認した出来事でした。

同調することに関してもう一つお話ししておきたいことは、医者が診断を下すと多くの場合、それを「真に受け」る人があまりに多いことです。病気に関しては医者の分野であり、自分ではどうにもできないという思い込みが強く、医者の言うなりになってしまうわけです。もちろん、病院に行ってはいけない、医者の言うことを聞いてはいけない、というのではありません。自分自身の中にある知恵、心の声にも耳を傾けてほしいということです。

郵便はがき

料金受取人払郵便

牛込局承認

6665

差出有効期間
2021年4月
20日まで
(切手不要)

1628790

東京都新宿区矢来町122
矢来第二ビル5F

風雲舎

愛読者係行

●まず、この本をお読みになってのご印象は？

イ・おもしろかった　ロ・つまらなかった　ハ・特に言うこともなし

この本についてのご感想などをご記入下さい。

〈愛読者カード〉

●書物のタイトルをご記入ください。

（書名）

●あなたはどのようにして本書をお知りになりましたか。

イ・書店店頭で見て購入した　ロ・友人知人に薦められて

ハ・新聞広告を見て　ニ・その他

●本書をお求めになった動機は。

イ・内容　ロ・書名　ハ・著者　ニ・このテーマに興味がある

ホ・表紙や装丁が気に入った　ヘ・その他

通信欄（小社へのご注文、ご意見など）

購入申込

（小社既刊本のなかでお読みになりたい書物がありましたら、この欄をご利用ください。送料なしで、すぐにお届けいたします）

（書名）　部数

（書名）　部数

ご氏名	年齢
ご住所（〒　　-　　）	
電話	ご職業
E-mail	

母が病院で高血圧と診断されました。状態が悪いので薬を飲まなければならない、ただ、その薬を飲めば一生飲み続けなければならない、というのです。病院から帰って来た母から相談された僕は、すぐガイドたちに意見を求めました。すると、薬を飲む必要はなく、一日に水を四、五杯、あるサプリメントを摂ることで改善する、と伝えてきました。母はそのガイダンスを実行した結果、血圧は正常に戻り、以来、大きな変動もなく元気に過ごしています。

自分には、知恵や心の声、ガイドの声が聴こえない、と心配しないでください。大切なことは、たとえば医者に何かを言われたときに、自分はそれをどう感じるかと問いかけてみるのです。自分にはそれは当てはまらないと感じたり、他の病院に行ってみようなどと様々なアイディアやフィーリングがやって来るでしょう。その結果、医者の言うことが正しいと感じるときには、従うのもよいでしょう。でも、違和感を感じたら、医者の言葉を鵜呑みにするのではなく、あなた自身の心の声に従うようにしてください。

「こ・ひ・し・た・ふ・わ・よ」

病気に限らず、人生のあらゆる面で、自分の中に湧き上がってくるサインがあります。それに耳を傾けてください。次のような感覚を感じたら、「あなたにとって正しい道ですよ」

というメッセージが翻訳されています。そのサインをわかりやすく、「恋慕《こひした》ふわよ」とでも覚えてください。つまり、

こ　心地よい
ひ　ひかれる
し　しっくりする（すっきりする）
た　楽しい
ふ　腑に落ちる
わ　ワクワクする
よ　喜びを感じる

です。

僕たちはもともと宇宙意識という高い周波数で振動している存在でした。周波数が高いために、「こ・ひ・し・た・ふ・わ・よ」の状態が自然で、この感覚をポジティブと表現すれば、憎しみ、恨み、嫉妬、苦しみ、悲しみ、というような相反するネガティブな感覚は、そもそも理解できなかったのです。

実際、宇宙意識につながればつながるほど、ネガティブな感情からどんどん解放されていくのがわかるでしょう。そうした感情を「感じることができなくなってくる」のです。

本来僕たちはあらゆることに興味を抱き、何でも知りたがり、何にでもさわりたがり、何でも経験してみたいと感じる好奇心旺盛な魂です。それゆえにこそ、進化途中の、次元が低い地球に、未知の感覚を体験しようとワクワクしながら降りて来たのです。地球特有の、できない・やれない・難しい・不安・心配・絶望感・無価値感・罪悪感などのバイブレーションを目いっぱい楽しもうと思ったのです。

ですから本来の自分である宇宙意識の感覚を思い出すとワクワクします。人生が生き生きと感じられます。その瞬間はハイヤーセルフ（宇宙意識）にしっかりとつながっている状態だからです。ハイヤーセルフは自分自身の魂の中でも、神と直接つながっている部分です。「この状態に一致していますよ」というサインが、「こ・ひ・し・た・ふ・わ・よ」という感覚です。つまりハイヤーセルフとしっかりつながっている状態――それが「こ・ひ・し・た・ふ・わ・よ」です。このサインが聞こえたり感じられたりしたら、「迷わず進みなさい」というメッセージです。何かを選択するときは、このサインを思い出すとよいでしょう。

心地よく感じる。ひかれる。しっくりする。楽しく感じる。腑に落ちる。ワクワクする。喜びを感じる――それが感じられれば、あなたはハイヤーセルフにしっかりとつながっています。ハイヤーセルフは、各人が本来なすべきことを知っていて、それをするように導きます。言い換えれば、ハイヤーセルフとつながったとき、人は自分が「本当に」やりたかったことをしはじめます。これまでとは別のことをするかもしれません。家族と一緒にやっていた事業をやめるかもしれません。会社を辞めるかもしれません。方向転換するかもしれません。でも、それでいいのです。このときあなたは自立して行動することを楽しみます。それまで執着していたあらゆる要素を手放し、人は人、自分は自分という健全な感覚で歩みはじめます。

あなたがハイヤーセルフとしっかり同調していると、普通ではあり得ないようなシンクロニシティ（意味のある偶然）を体験します。宇宙意識の周波数に自分を一致させたことで、そうしたことが自然に起こります。「こ・ひ・し・た・ふ・わ・よ」の感覚に従うことで、日常がだんだんシンプルに、スムーズに流れるようになります。こんなにうまくいっていいのかと心配になるかもしれません。僕たちが自分で創り出している人生がスムーズに進むのは、本来「当たり前のこと」なのです。

でももし、その感覚に従った結果、うまくいかなかったら、どうすればよいのでしょうか。そのときは、「こ・ひ・し・た・ふ・わ・よ」に従って動いた際に出てきたバイブレーションを、後ほどご紹介するメソッドを使って、どんどん手放していってください。たとえば、失敗したとか、うまくいかなくてがっかりしたとか、そうしたバイブレーションが、本来「こ・ひ・し・た・ふ・わ・よ」と同一のバイブレーションであるハイヤーセルフとつながることを妨げているからです。

ですので、本来の自分とは違うバイブレーションが出てきたときこそ「チャンス」と捉え、すぐに手放してください。それらは単に、「今、このバイブレーションを手放しましょう」と、そのために出てきているだけなのですから。

こうしたバイブレーションは、あなたが「こ・ひ・し・た・ふ・わ・よ」に従うときにこそ上がってきます。なぜなら、「無難」な人生を選択していたら、ワクワクもしなければ楽しくもありません。でも、一度そうした人生を生きようとしたとたん、自信がない、失敗したらどうしよう、皆はどう思うだろう……と不安や怖れにさいなまれるのです。だからこそ、「こ・ひ・し・た・ふ・わ・よ」に従って動き、出てくるバイブレーションをどんどん手放していくことでブロックが外れ、あなたは確実にハイヤーセルフにつながっていくことになるのです。

病気もただのバイブレーションです

病気のことであれ、お金のことであれ、人間関係のことであれ、人生における問題と思っているいちばん元になっているものが周波数です。つまり波動、バイブレーションです。このバイブレーションで僕たちは皆自分の現実を創っています。これが厳然たる宇宙の法則です。自分が現実を創っているということに気づかない状態、それが「眠っている」状態です。反対に、人生に起こるすべてのことを自分が創り出していると気づき、一〇〇％の責任を持って生きている状態を「目を醒ましている」といいます。

周波数、波動、バイブレーションは映画館でたとえると、フィルムに相当します。僕たちが日ごろ目にしている三六〇度の世界、それをスクリーンだと思ってください。あなたはそのスクリーンの中央に立っています。そして、あなたの胸の中央にはフィルムであるバイブレーションが存在しています。すると自分が映写室であり映写機になるわけです。自分のバイブレーション（感情や信念、また観念や概念）、これがフィルムです。そのフィルムを自分という映写室から放射状に三六〇度に展開するスクリーンに映し出しています。そこに映し出されているもの、それを僕たちは「現実」と呼んでいます。言い換えれば、怒りや喜びや悲しさを伴う体験も、すべて各自が持ち合わせているバイブレーションで映し出しているのです。これが現実です。この「からくり」がわかると、フィルムを替えてしまえば、現実そのものが変化するのだと気づきます。この視点で常に生きることが、目を醒まして生きることにつながっていきます。

あの人にこう言われた、こんな出来事があった、こんなふうにならなければ——そのせいで自分はこうなってしまったと多くの人は愚痴を言います。それが悪いとか間違っていると言っているのではありません。それをくり返していると、自分本来のパワーを他に預けることになり、周りの人や出来事に翻弄《ほんろう》される人生を送ることになってしまうのです。眠ったまま、何でも周りのせいにして犠牲者として生きるのか。そうではなく、目を醒ますと決め、自分の人生は自ら創り出す創造者として生きるのか。

あなたはそのどちらを選択しますか、ということなのです。進んで人生の責任を引き受け、自分が自分の人生の主人公であることを宣言していいのだと気づくと、一歩前に進むことができます。

もしあなたが自ら創造者として生きることを選択するなら、出てくるバイブレーションを自在に操ることになります。本来の自分のものではないバイブレーション、不安・心配・怖れ・力のなさ・罪の意識などの感情を進んで手放すなら、本来のバイブレーションである「こ・ひ・し・た・ふ・わ・よ」そのものになっていきます。それを反映した現実は、愛や調和に満ち、シンプルで、スムーズになるのは「当然」なのです。それが、自分が自分の現実を創るということです。

僕たちは自分の中にないものを体験することはできません。あなたが感じること、体感することで、新たに生み出されるものなど一つもありません。すべて自分の中にあるものに触れている、あるいは、それに気づいているだけなのです。

自分が現実を創っているというのは、次のようなことです。たとえば誰かにひどいことを言われたとします。そのとき人は様々な反応をします。傷ついたとか、傷つけられたとか、悲しかったとか、悔しかったとか――。でも、傷つけ「られる」という構図はありません。自分が「すでに」持ち合わせていたバイブレーションでそれを「映し出した」だけなのです。ひどいことを言われた「ので」悲しいと感じた「のではなく」、悲しいというバイブレーションを持っていた「ので」、そうした現実を「映し出し」、「ああ、いま自分はこんなバイブレーションを持っていたんだな」と「気づいただけ」なのです。

この世界は「鏡」です。今あなたがどのようなバイブレーションを持っているのかを忠実に「見せてくれているだけ」です。ですから、あなたが日々、自分が映し出す現実で様々なバイブレーションを感じるとき、それは、「もうこれを手放すことを選択しますか？　まだ持ち続けることを選択しますか？」というチャンスが与えられていることを意味します。

病気に関しても同じです。病気になると、つらい・苦しい・不甲斐ない・自分にはどうすることもできない、と様々なバイブレーションがやって来ます。僕たちは、それこそ手放していくべきなのです。それらは、どれもこれも本来の自分のものではないからです。そのバイブレーションを手放すことで、あなたはハイヤーセルフにつながり周波数を上げることで、病気という低いバイブレーションから外れていくことになります。

すべてがバイブレーションです

僕たちのバイブレーションがフィルムの役割を果たしていて、そのフィルムを自分の現実というスクリーンに映しているのです。時として、そのバイブレーションが特定の形に結晶化して病気になるのです。ですから結晶化するバイブレーションの元になっているフィルムを替えれば、その映像は変わらざるを得なくなります。たとえば「マトリックス」という映画を観ていて、フィルムを「ハリーポッター」に換えたら、「マトリックス」の映像が映し出されることはありません。同様にこの周波数を換えてしまえば、今まで存在していたものは、その形のまま留まることはできなくなるのです。

病気に関してもう一つお話しすると、僕たちは病気を通して本当にたくさんのことを学んでいます。前世や過去世から持ち越したカルマというレッスンのためでもあります。大切な人が病気になることで、思い合う、労《いたわ》り合うなどの資質を発達させることもあります。そうした現実も各自のバイブレーションで映し出しています。つまり、本来の自分に目醒めれば目醒めるほど、そうした現実を創ることで学ぶ必要がなくなります。本来の自分の感覚を思い出せば、僕たちは苦しんだりつらい思いをしなくても、幸せでいることが簡単でナチュラルなことに気づきはじめるからです。

では、生まれつき障害を持っている人はどうなのでしょう。

たとえば目や耳が不自由な人がいたとして、彼らのことを気の毒だと思う人がいるかもしれません。でも、目が見えないことで、「余計なもの」を見ないで済み、耳が聞こえないことで、「雑音」を聞かずに済み、その心は穏やかで安らいでいるかもしれません。つまり、僕たちにはうかがい知ることのできない彼らの世界があるということです。さらにいえば、障害を持っていようとも、彼らもまた本来完全な力を持つ完全な意識であり、自らの目的のためにあえてその境遇を選択してきているのかもしれません。そこに気づけば、もうそうした生き方を選ぶ必要がなくなるのだということもぜひ知っておいていただきたいことの一つです。

（人間関係の悩み）
恋愛から多くのことを学ぶ

人間関係でいちばん多いのは愛に関する悩みです。恋愛、愛情の問題です。最近とくに多くなったのは、年齢が離れた相手との恋愛、そして不倫です。言葉にすると全部違う問題のように見えますが、根本は同じです。

ある女性がリーディングを受けにきました。仮に名前を亜希子さんとします。亜希子さんは結婚して数年が経ち、子どもはいません。そんな中、彼女はある男性と出会い、お互いに強く惹かれ合いました。二人が付き合うようになるのに、それほど時間はかかりませんでした。ただ関係性は、いわゆる不倫です。亜希子さんは悩みました。不倫はいけないことだと刷り込まれた観念があったからです。でも頭ではわかっていても、なかなか別れることができません。

ご主人はとてもいい人です。悪いところはありません。そのことが亜希子さんの悩みをさらに深くしたのです。彼は何も悪いことをしていないのに自分は彼を裏切っているのですから。彼女を大事にし、よく理解してくれているご主人に別れを切り出すことができなかったのです。普通に考えれば亜希子さんのわがままと責められても仕方のない状況といえるかもしれません。それでもどうしても不倫相手のことが好きな気持ちを抑えられず、一体どうすればいいのかわからなくなり、僕のところを訪れたのでした。

悩みを聞きながら霊視すると、彼女のガイドは次のように言ってきました。

「このまま今のご主人との生活を続けていると、この生活は違うとずっと心の奥で言い続けなければならなくなるでしょう。魂のつながりという観点から観れば、新しい人のほうが正しいといえます。ご主人が彼女を理解してくれているとしても、一緒にいることが正しいかどうかは別の話です。だから自分の心の声に従い、新しいパートナーに恐れずに飛び込むよう伝えてください。彼は誠実に彼女を受け止めてくれます。彼女が感じていることは正しいのです。覚悟が決まったら、恐れずに飛び込んでいくよう伝えてください」

僕はそれを聴き、ガイドからのガイダンスに従ったらどうですかと伝えました。その後、亜希子さんは旦那さんと別れ、不倫相手であった彼と結ばれ、今はとても幸せに暮らしています。

その先に、発展性があるか

これは世間一般の常識とは違うかもしれません。多くの人がいわゆる常識との狭間で悩みます。僕は一般常識を無視してくださいと言っているのではありません。本当に大切なことは何なのかに真剣に向き合うよう勧めているのです。関係性において大切なことは、魂のつながり、そして発展性です。

ガイドたちは、相手との関係に魂のつながりと発展性がないと、「きっぱりとやめたほうがいい」と言うこともあります。旦那さんに不満があり、不倫相手が慰めであっても、大切なポイントは、その相手がどういう人かということです。旦那さんが別れてもいいと言っても、相手が魂レベルのつながりのない人なら、発展性がありません。ガイドたちは倫理に反していからやめなさいとは決して言いません。ここを多くの人が勘違いします。道徳的、倫理的に外れているからいけないと考える人が多いのですが、そうではありません。

不倫相手と結婚すれば、不道徳だと責める人が現われるかもしれません。でもそれは些細《ささい》なことです。亜希子さんがそれを気にして、「私は悪い女だ」とか「私は不道徳だ」などと感じるスタンスでいれば、彼女にとって事は些細ではなくなりますが、それは制限の次元のものの見方です。誤解を怖れずにいえば、人間社会の倫理は時代や国や場所によって大きな違いがあり、絶対的なものではありません。それに対し魂は永続する本質です。魂の、もっといえば、宇宙意識の次元で生きることで、本当の幸せが見えてくるのです。

ほとんどの人が恋愛はこうであるべき、愛とはこういうものだ、という希望を抱いています。その希望と実際の状況を重ね合わせることで、悩むことになるのです。こうした場合、ネガティブなバイブレーションをベースにした見方をいかに手放せるかが大切なポイントになります。たとえば、「私さえ幸せになればいい」と誰かを押しのけたり、「私が絶対相手にふさわしい」と思いこんだり、「彼が絶対私を幸せにしてくれる」と相手に期待を押しつけたりします。そうした地球特有のバイブレーションを手放すことで、あなたは何が本当に大切なのかを冷静に見極めることができるようになるのです。

魂のつながりがあるか

別のゆかりさんのケースです。

想いを寄せる男性との未来について、彼女から質問されたときのことです。いつものようにガイドにアドバイスを求めると、彼女のガイドは、今後、彼らがたどる可能性の高い未来のシナリオを伝えて来ました。彼の性格、彼女に対する感情、そして今後どのような行動を取ろうとしているのかを、ビジョンとともに明確に告げてきました。

僕は彼女にその結果を告げ、望んでいる方向とは一致しないので考え直したほうがいいかもしれませんね、と伝えました。すると彼女は、「彼は多分そういう性格ではないので、大丈夫だと思います」と、まるで一体あなたは何を言っているのという感じで、苦笑しながら言い返してきました。もちろんリーディングの情報から何を取り入れ何を手放すかの取捨選択はクライアントさんの自由ですので、それ以上、こうしなさい、ああしなさいとは言いませんでした。僕にはうまくいかないことが視えましたが、いくら言っても聞いてもらえません。

そのリーディングから二年ほど経ったある日、ゆかりさんからメールが届きました。「二年前のリーディングでお話ししていただいたことが、全部そのとおりになってしまったのですが、どうすればよいのでしょう？」と、助けを求める内容でした。もし彼女が頭から否定せず、もしかしたらそういう可能性もあるかもしれないと頭の片隅にでも入れていたら、あるいは避けることができたかもしれません。信じたい、事実を受け入れたくないという思いから、人はよく自分の心の声に蓋《ふた》をして気づかないふりをします。でも本当に幸せになりたければ、そこに向き合う必要があるのです。そのとき大切なのが、ネガティブなバイブレーションをベースにしたものの見方ではなく、それを手放した高い視点の見方なのです。

何事においてもそうですが、うまくいかないのがわかったら、方向性を変える必要があります。失敗は成功の母というように、失敗の経験を踏まえてこそ次のステップに進めます。あるいは、新たな出会いもあるのです。言い換えれば、近道や遠回りということはあっても、無駄な経験などありません。実際、宇宙から観れば、失敗も成功もなく、ただ経験があるだけです。そこには良いも悪いも、優劣もありません。あるのは、自分が何を本当に望み、やりたいことは何なのか、それだけです。

たとえば、今あなたにパートナーがいて、その相手と魂のつながりがあるかどうか。はっきりと知りたい人は、軽く目を閉じ、深呼吸して気持ちが落ち着いてきたところで、その人との未来に意識を向けてみてください。想像でかまいません。日常の様々なシーンをイメージして、どんなビジョンが湧いてくるかを試してみましょう。それを想像しながら、「こ・ひ・し・た・ふ・わ・よ」の状態になるようであればオーケーです。でも、その人がどんなに好きでも、未来のビジョンが思い浮かばないとか、飽きてしまうとか、すぐ別のことを考えてしまうとか、疲れてしまうとか、そういう状態になるのなら、自分に正直になり、もう一度パートナーとの関係性に向き合うことが必要でしょう。ただ、その日のコンディションによって集中できないこともありますので、根を詰めず、日を空けてまた試してみてください。

その人と魂のつながりがあれば、ハイヤーセルフと共振し、「こ・ひ・し・た・ふ・わ・よ」の状態になるはずです。魂のつながりがきちんと感じられるか。その相手と付き合うことで発展性を感じるか。このことがどんな恋愛にも大切なポイントといえるでしょう。

やりたいことが見つからない

（存在理由についての悩み）

「やりたいことが見つかりません」と言う人が本当に多く見受けられます。

多くの場合、見つからないのではなく、最初から「ない」と決めてしまっているのです。制限の次元の中にいると、「これをやりたい」と思ったとたん、それと同時に出てくるのが、「やれない」という反応です。これは対語《ついご》のように定番化しています。地球の特性である制限の次元は二元性の世界ですから、「善・悪」「良い・悪い」「好き・嫌い」のように、「やりたい」に対して「やれない」というバイブレーションが絶対的に出てきます。すると相殺《そうさい》されてしまいます。表面的な意識ではそれを感じてもいないのに、条件反射的に出てきます。そして意識の上では「やりたいことはない」と、ないことにしてしまうのです。

本当はやりたいことがいろいろとあるのに、それは無理、失敗したくない、力が足りない、お金がない、年だから――などとできない理由をいくつもかき集めて並べ立て、だからできないと自分で勝手に決めつけ、その結果、「やりたいことなんてない」としてしまうのです。気持ちがモヤモヤする中で、「とくにやりたいことってないんだよね」と平然としています。これが多くの人に起こっていることです。やりたいことが見つからないのではなく、はなからやれないと決めつけているだけです。実際、やりたいことがあっても、これならできそうだと感じられる中からしか、やりたいことに動きません。

リーディングでは、ガイドたちからクライアントさんが本来持ち合わせている才能に関して伝えられることがあります。それをお話しすると、みなさんハッとした表情になり、「実は前から興味があったものがそれです」とか、「忘れていましたが小さい頃から興味があったことです」と、本当はやりたかったのに様々な理由で意識の隅に押しやっていたものに気づきます。もし、やりたいことがわからないときには、子どもの頃に何が好きだったか、何に夢中だったかに想いを馳せてみると、ヒントが見つかるかもしれません。なぜなら子どもの頃は、まだ「ありのままの自分」につながっている部分が多いため、自分の本質をちゃんと捉え、疑いもなくそれを表現していることが多いからです。

「あなたは小さい頃、何をしているときがいちばん楽しく幸せでしたか？」

十年間、暗闇にいた少女

ある女性のケースです。

その女性は母親に連れられてリーディングを受けにやってきました。彼女の名前を仮に三智子さんとします。三智子さんは小学六年生の頃から不登校となり、自傷行為をくり返し、リストカットはもちろん大量に薬を飲んだり、拒食をしたり、二階から飛び降りたり、ものを壊したりしました。もともとは頭がとてもよく、二歳で話しはじめ、一を教えると十わかる子どもでした。ところがこだわりが強く、集団行動が苦手で、うまく周りに合わせることができないせいでいじめを受けたこともありました。担任が理解のある先生だったときを除いて、学校生活はとてもつらかったようです。十二歳くらいから女性の身体であることに違和感を覚え、精神科医の勧めで性同一性障害の専門外来にかかるようになりました。でも彼女は、男性になりたいのではなく、中性になりたかったのです。親は生きていてくれさえしたら性別はかまわないと思い、性同一性障害外来に連れて行きましたが、性同一性障害の医師はできれば手術は避けたいとの考えでした。

彼女はずっと家にいるのですが、人が大勢いる電車や人混みが苦手で、一人ではほとんど外出できませんでした。でも何かしなければいけないという焦りがあり、生きているのが本当につらいと感じていたのです。

母親は三智子さんを精神科に連れて行きながら、心の中で、どこかなにかが違う、これは根本的な治療ではないとずっと感じていました。性同一性障害という診断もなにか違うと感じており、身体を変えても心の苦しさは変わらないのではないかと心配していました。でも、手術はしないでくれとは言えません。「この身体で生きろと言うなら死んだほうがいい。産んだのだから殺してよ」と迫られたことさえあったのです。人気の精神科はもとより噂を聞きつけてはヒーラーや覚者と呼ばれる人たちを訪ねましたが、結果ははかばかしくありませんでした。

悩みの本当の理由

このケースは本質的にスピリチュアルな悩みです。表面上では性同一性障害ということになっていますが、三智子さんと母親に関わる過去世からの状況も関係していました。

そこへきて、今世に生まれて来た目的を彼女が自分の中で見つめられるようになると、そこから抜けるきっかけが生まれます。彼女は、とてもスピリチュアルな感性を持っていて、魂の本質の部分で「目醒め」ると決めていました。でも、目を醒ますことへの抵抗もあって、なかなか手放せずにいたのです。もちろん表面的な意識で捉えているわけではありません。エネルギーレベルで葛藤を起こし、その抵抗が破壊的な衝動につながっていたのです。彼女は頭も良く、敏感な感性も持っているので、心のどこかではちゃんとわかってもいるのですが、抵抗するエネルギーが「簡単にわかってやるもんか！」という複雑な気持ちになって、自分で自分の首を絞めていたのです。そして実は、そのことさえも三智子さんはわかっていたのです。

このような場合、どうすればよいのでしょうか。

まず大切なことは、いま本当には何が起こっているかを本人に話すことです。彼女は深いところでは「変わりたい」と切実に思っていました。

僕は、彼女の今の状態、母親との過去世でのトラウマ、彼女の魂が何を望んでいて、どういう方向に行こうとしているのか――などを彼女のガイドたちから聴きながら、一つひとつ彼女にそれを伝えていきました。もちろんガイドたちは彼女の本心を知っていて、彼女の今世の道と照らし合わせてアドバイスを与えてくれました。彼女は少しずつそれを自分の中に落とし込みながら納得していったのです。

また母親も娘との過去世での体験を聞き、それを知ることで意識の変化が促され、それは三智子さんの変化にも影響していました。

結局のところ本質からずれれば、誰でもバランスを崩します。つながっていれば、自然にバランスはとれていくことになるのです。本質を示してあげることで、基本的に誰もが自分でその本質に目醒めていきます。あとは本人次第です。自分自身の道が見えたとしても、日々の出来事に翻弄されてぶれることは、もちろんあります。ドンと落ち込むこともあるでしょう。それでも一度本当の自分に触れると、立ち直るのに以前ほど時間がかからなくなっていることに気づくことにもなります。

三智子さんは現在、自分の魂の本来の輝きを取り戻しつつあります。まだ不安定なところはあるものの、以前よりも忍耐強く、自分自身と向き合っています。それにつれて根深くあった様々な症状も、少しずつ落ち着きを取り戻し、快方に向かっています。豊かな感性と才能が開花しようとしています。本当の意味で自分を取り戻すにはまだ時間がかかりますが、やはり素晴らしい魂の輝きと可能性を持っている母親と新たな関係を創り出し、共振しながら、自分で立っていくことができるようになることを、僕は一点の曇りもなく信じています。

くり返しになりますが、これからの時代は「分離」ではなく、「統合」です。世界は極限まで分離してきたので、今度は統合に戻っていこうという流れに変わったのです。その動きは社会の中でもすでに始まっています。以前は分裂病と呼ばれた精神疾患も統合失調症という名称に変更されて久しいのですが、その変化も、「統合」が医療の分野でシンボル的に表現されたものであると僕は受けとめています。

ヒーリング

現在はリーディングの仕事で忙しく、整体に関しては新規のクライアントさんはお受けしていないのですが、整体師は癒す人でもあるので、ヒーラーと同義です。つまりヒーリングを頼まれることもあります。霊的な能力を用いて、肉体からエネルギー体、そしてオーラやチャクラ全体をスキャニング（詳しく調べる）します。すると、どこが滞っているかがわかるので、その情報を元に感情（エモーショナル）体、精神（メンタル）体、霊（スピリチュアル）体の状態を調整します。実際サイキックな視覚を通して視ると、僕たちは肉体だけの存在ではなく、その外側に霊的な身体を持っていることがわかります。

ほとんどの場合、肉体に症状が現われる前に、感情体、精神体、霊体が先に変調をきたします。言い換えると、エネルギー体は川上《かわかみ》に、肉体が川下《かわしも》に相当します。つまり、エネルギーの流れは川上（エネルギー体）から川下（肉体）に向かって流れます。

たとえば感情体は、僕には金色の繊維のように見えますが、問題があると、それが弱くなっていたり、切れていいます。その結果、過度に感傷的になっ

たり、物ごとを重くとらえすぎたりします。するとストレスで体調を崩します。それをヒーリングによって調整します。

感情体の次は精神体です。精神体が健康な状態では、虹色（レインボーカラー）に視えます。虹色はあらゆる色を包括し、バランスを表すので、その状態に導きます。不健康な人の場合はくすんでいて、一部黒ずんでいます。

そしていちばん重要なのが霊体です。霊体には、肉体に起きていることが視覚的に現われます。たとえば骨折をしていると、折れた線が視えます。それをつないでいくと、治りが早くなります。また内臓の疾患があれば、内臓にエネルギー的な淀《よど》みがへばりついているように視えます。それをはがせば、治癒が早くなります。そうして全体の調整をした後、チャクラやオーラの調整をし、バランスをとることで肉体的・精神的な症状からの解放を促します。

ヒーリングでは（どんなことでも起こりえるものなのですが）、治す力はヒーリー（受け手）のほうにあり、ヒーラーはあくまでも治癒が可能な「場」を作り出し、それを保つことで可能性を引き出すのが役割です。たとえば、病気によって人から優しくされ皆から大切にされていると感じているときなど、その人は無意識のうちに「治りたくない」と思うことがあります。病気で入院していた人が、回復して家に帰っても、迎えてくれる家族がいないという場合、まだ病院にいたいと思うこともあります。そうした深いレベルでの「抵抗」がヒーリングの妨げになることもよくあります。その人が「寿命」を迎えようとしているときには、残念ながらどうすることもできません。ただ、症状を緩和することはできるでしょう。

自分でできるヒーリング

ここでは、皆さんがご自分のためにできるヒーリングの方法をご紹介します。録音して、その声に従ってイメージしていくか、手順を覚えて行なってみてください。

●まず横になり、楽な姿勢を取ってください。

●次に軽く目を閉じ、数回深呼吸をして、リラックスします。そしてヒーリングのプロセスをサポートしてもらうために、あなたのガイドや天使を呼んでください。心の中でも声に出してでもかまいませんので、「私のガイドたち、天使たち、どうぞこれから行なうヒーリングのプロセスをサポートしてください」とシンプルに呼びかければ、彼らはあなたに必要なサポートチームを構成してくれます。

●最初にヒーリングに最適な「場」を作るために、自分と周囲の空間が「紫色の炎」で包まれているのを見るか感じてください。この炎は熱くなく、冷たい炎です。紫の炎のエネルギーには「浄化」の力があるのです。

●そして意識を右足に向け、爪先から息を吸うようにイメージしながら、息を吸いましょう。その息を頭へと流し、左足の爪先から吐き出します。この呼吸を三回行ないます。次に左手に意識を向け、指先から息を吸いましょう。その息を喉から右手のほうへ流し、手の先から吐き出します。その呼吸を同じように三回くり返します。それが終わったら、頭から両手の先、そして足先へとスムーズにエネルギーが流れるのを感じましょう。

●ではエネルギー体の状態を一つひとつ見ていきましょう。

まず感情体からです。みぞおちの辺りにソフトボールくらいの大きさの黄色い光の玉をイメージします。深呼吸しながら、その玉がどんどん拡大し、身体の外側一メートルぐらいまで広がり、黄色の光ですっぽりと包まれるのを見るか感じてください。次に、黄色い繊維状のエネルギーでできた自分の感情体をイメージの中で見てみましょう。ところどころ繊維が切れていたり、細く弱くなっているところはないでしょうか。すべてがきれいにつながっていれば、あなたの感情体は健康です。もし不具合があったら、イメージを使ってそれをつなぎ、しっかりする様《さま》を見てください。あなたがこの作業を終える頃には、黄色の感情体がさらに輝きを増していくでしょう。

●次は精神体です。

意識を胸に移し、そこに緑色の光の玉があるのを見るか感じてください。深呼吸しながらそれを拡大し、身体の外側一メートルぐらいまで広げましょう。自分が緑色の光に包まれているのを感じたら、それをあなたなりにレインボーカラーに変えてみてください。精神体は、健康を取り戻すとレインボーカラーに変化しますので、その様をしっかり見て感じましょう。

●最後に、一番重要な霊体の調整に移ります。

まず、足元から電気的に光る青白い光の川のような流れが頭の先へと抜けていくのを見るか感じてください。ちょうど川の流れの中に自分が横たわっているような感じです。そうしたら、足の先から頭の先までを丁寧に見ていきましょう。なんとなく黒ずんでいたり、「ずれ」ているると感じるところはありませんか？　もしそれを感じたら、イメージの力を使って、自分なりに整えてください。たとえば黒ずんでいるところがあれば、金色のハケでそれをサッと掃くイメージをし、きれいにしましょう。黒いものがベッタリ付着していたら、それを自分の手で剝《は》がし、それをガイドや天使に、「よろしくお願いします」と手渡してください。彼らがそれを癒してくれるのを感謝とともに感じましょう。また、ずれていたら、しっくりくるように整えてください。あなたの直感に従ってイメージの中で工夫してみてください。

●これで、エネルギー体の調整が終了しました。

次にチャクラのバランスを整えましょう。チャクラというのは、身体に点在するエネルギーセンターで、人生の流れにも、肉体・精神両面の健康にも密接に結びついています。言い換えると、チャクラが詰まっていたり、バランスが崩れていれば、人生や健康に関してもそうなるということです。チャクラはたくさんありますが、ここでは主要な七つのチャクラに焦点を当てていきます。チャクラにはそれぞれに色があり、その色彩については諸説ありますが、ここでは以下に示す色で進めていきます。

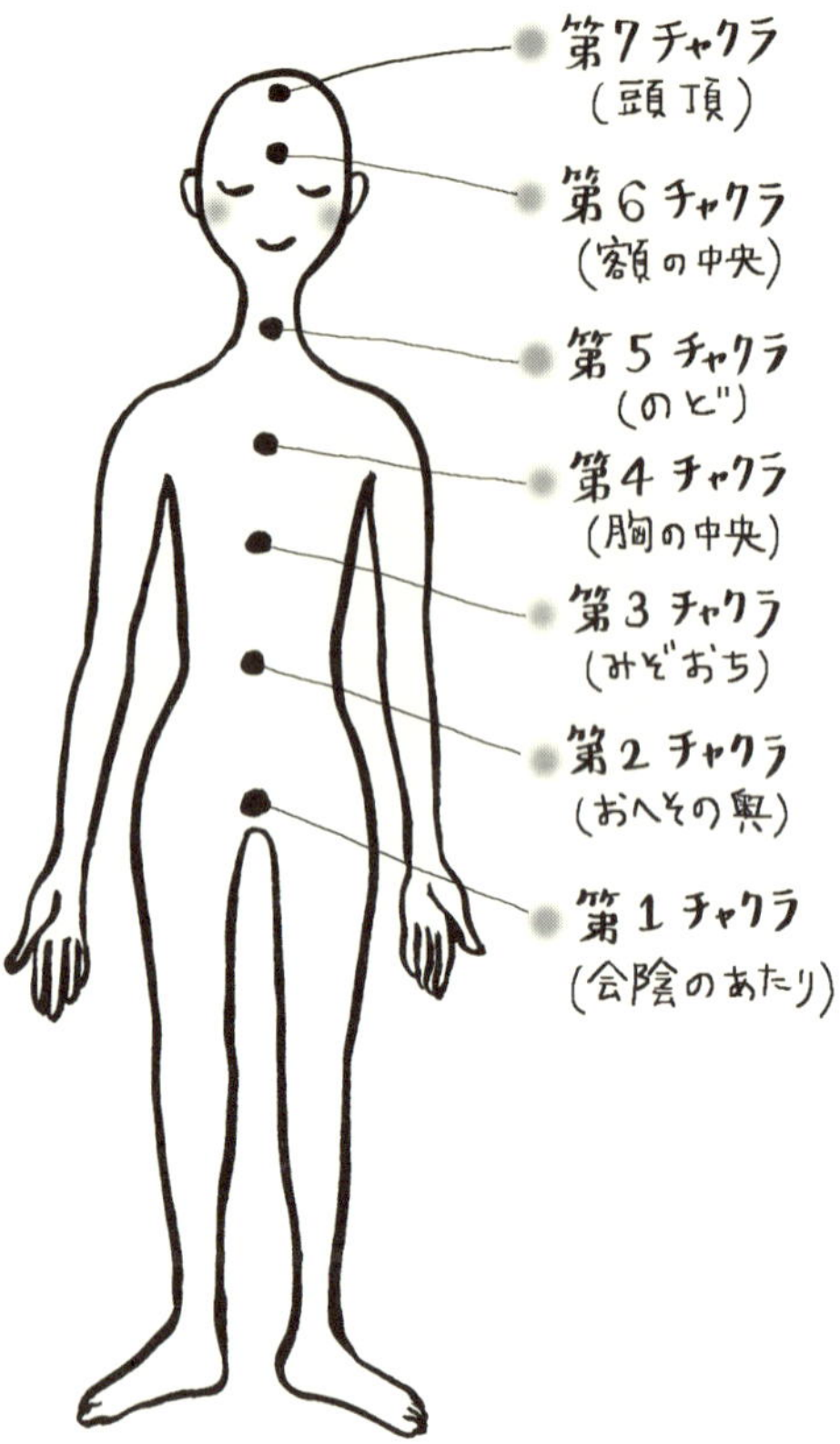

●まず会陰《えいん》のあたりにソフトボールくらいの赤い光の玉を見るか感じてください。

深呼吸しながら、それが時計回りに回転しながらスピードを上げ、赤く輝きを増していくのをイメージします。回転の方向がわからないときは、自分の身体の前面に時計があって

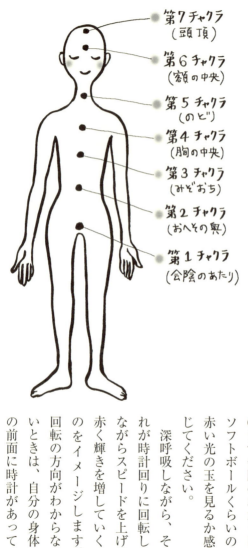

（自分が時計であるというイメージ）、針が回転する方向を思い描いてください。そして直感的に終了したと感じたら、次のチャクラに移ります。同様のプロセスを、おへその奥にオレンジ、みぞおちに黄色、胸の真ん中に緑、喉に青、額の中央に紫、そして頭頂部に白光と続けて行なってください。

●チャクラの調整が終了したら、全体のバランスをとるために、霊体の調整とは逆に、頭から足先に抜けるように流れる白光をイメージします。そして心の中で「完全なバランスが実現する」と断言してください。

●最後にガイドや天使たちに、あなたのオーラ（身体の外側を卵型に包み込むエネルギーフィールド）を調整してくれるように頼み、彼らが全身を頭から足先に向かって撫でながらバランスをとってくれるのを見るか感じてください。すべてが完了したら、そのオーラの中で、癒された感覚や安らぎを感じてください。

●充分にそれを味わったら、彼らにヒーリングをサポートしてくれたことに対する感謝の気持ちを述べ、ゆっくり起き上がるか、そのまま眠りについてください。

以上が自分でできる効果的な方法です。それを終えるとデトックスが始まります。毒素を効率的に排出するため、お水をいつもより多めに摂るようにします。人によっては好転反応が出ることもありますが、長くは続きませんので安心してください。お水を摂ることが、それを和らげる助けになるでしょう。

宇宙意識につながると、あらゆることが可能になる

問題が起こると、誰もがなんとかそれを解決しようとします。多くの人が日々問題解決に奔走し、努力のわりにはうまくいかずフラストレーションを感じています。でも「現実は自分で創り出している」ので、現実を創り出している同じ次元で解決することはできません。アインシュタインが言ったように、「問題は、それをつくりだしたときと同じ意識によって解決することはできない」からです。つまり、その現実よりも上の次元に上がったところから対処する必要があります。

では「それよりも上の次元」に上がるにはどうすればいいのでしょうか。

もちろん、その問題を創り出したバイブレーションを統合することによってです。そうして高次元から問題を眺めることで、今まで見えなかった解決策や、いま何をすべきかが透けて見えてきます。見えたとおりに動けば、問題は解決することになります。事はそれほどシンプルなのです。その次元から抜けない限り、一つ解決しても、手を換え、品を換え、状況を換え、人を換えて、同じような問題を創り出します。

あなたは次のような話を聞いたことがあるかもしれません。

会社で上司からパワハラを受け、耐えられずに転職したら、次の職場でも同じような上司に当たってしまったとか、出会う男性の誰もが、お金、暴力、女性問題を抱えていて、私はどうしてこのような男性とばかり付き合うことになってしまうのだろう、とか。つまり問題を映し出しているフィルムを替えない限り、同じような状況がくり返し映し出されることになるのです。嘆いても、文句を言っても、相手を責めても、そこを解決しない限り、状況が変わることはありません。鏡に映る自分がムスッとした顔をしていて、なんでもっとニッコリできないのかしらと怒っても、「まずあなた」が笑顔にならなければ、鏡のあなたは永遠に微笑むことはありません。

統合を実践し、宇宙意識につながると、地球の制限の次元では考えもつかなかったようなアイディアが湧いてきたり、自分にはできないと思っていたことができるようになったり、より健康になったり、人間関係も調和し、お金に関してもより豊かな流れへと自然に移行するようになっていきます。なぜなら宇宙意識は、すべてとつながっていて、何でもできる意識であり、バランス、調和、豊かさそのものであるので、そのバイブレーションから映し出される現実は、当然それを反映するものになるからです。

いま日本では、終身雇用、年金、正社員など、今までは当たり前であった様々な制度が崩壊していっています。それは「もういい加減、こうした制限の枠から抜けてください」というサインなのです。これまでの仕組みがないと生きていけないという思い込みを捨てて、「本来あなたは無限の存在であることに気づいてください」とメッセージが送られて来ているのです。言い方を変えれば、日本人の集合意識が、日本人の目醒めのためにこうした出来事を映し出しているのです。

何十年も会社のために一生懸命働いてきたのに突然解雇されたら、多くの人は、ひどい仕打ちだ、会社に裏切られたと怒り悲しみ、絶望感に襲われるかもしれません。それはある意味、当然かもしれません。でも見方を変えると、それは「目醒め」のチャンスです。なぜならその出来事で感じたバイブレーションを本当に手放すことができれば、その人は何段階も周波数を上げ、より強く宇宙意識につながっていくことになるからです。それをきっかけに、本当にやりたいことに向き合う機会にもなるのです。実際、「もう、今のような生き方はうんざりだ」「ここは自分のいる場所ではない」と深いレベルで感じているようなときほど、こうした大きなことを創り出し、方向転換させるのです。そうでもしないと、不安や怖れがブレーキとなって、決して動くことはなかったでしょう。

起きた出来事に対して慌てて対処するのではなく、「どう捉えるか」が大切です。言い方を換えると、泣き言を言いながら被害者として生きるか、それをチャンスと捉え、自分の人生の主人公は自分であると宣言して生きるかです。自分が自分の人生の操縦席にきちんと座り、宇宙意識につながって、これからの人生を思うとおりに自由に生きていけるかどうかは、当人の選択次第なのです。

僕たちは、残念ながら何か大きなことが起こらないと、なかなか目を醒ませません。地球自身が次元上昇することを決め、加速度的に上昇している今、世界規模で政治・経済・紛争・異常気象・天変地異の問題がクローズアップされていますが、宇宙的な観点から観れば、これらはもちろん人類の目醒めを促すために起こっています。僕たちがそのことに気づき、本当の意味で目醒めるまでそれは続きます。逆に、僕たちが真実に目醒め、地球とともに上昇していく道を選ぶなら、地球を取り巻く様々な問題は本当に消えてなくなっていくでしょう。これはとりもなおさず、僕たちが本来どれほどパワフルな存在であるかを物語っているのです。

増加する男性のクライアント

僕がこの仕事を始めた頃、相談にやって来る方たちの相談内容は、恋愛・家族・職場での人間関係や仕事、そして経済的なことなど、現世的な悩みがほとんどでした。それは今日でも続いていますが、次第に、「これから自分はどう生きたらいいか」「この世の中には一体何が起こっているのか」「自分が生まれて来た本当の理由は何か」「自分の魂の役割は何か」といった内容が増えてきました。現実的な悩みから、スピリチュアル（本質的）な内容へと変化してきたのです。物質性から精神性へと移行してきました。

また当初、リーディングに来られる大半が女性でしたが、ここ数年は、男性のクライアントさんが増えています。スピリチュアルなことに関心を寄せるのはより柔軟性の高い女性であったのが、男性にも広がってきているのは、とても喜ばしいことです。

本来、人間は男性性と女性性という二つの性質を持っています。

女性性が、育む・母性・受容性・直感力などの資質であるのに対し、男性性は、判断力・決断力・行動力・統率力などのそれです。前者は右脳的、後者は左脳的と言い換えられるかもしれません。直感的な要素を含む女性性は、とくにスピリチュアルな領域と結びついているので、こうした世界を受け入れやすい面がありますが、男性性となると、その傾向が極端に減ります。目に見えないこと、あるいは証明できないことを受け入れることが難しいのでしょう。でも最近、にわかには受け入れられないが、聞く耳は持とうという柔軟な男性が増えています。女性性を理解する、あるいは理解しようとする男性が多くなってきたのです。

女性性を理解できない男性は発展できない

今は「女性性」の時代です。女性がリーダー的存在になり、世の中に台頭するようになります。女性性を理解できるバランスのとれた男性もそうです。二〇〇〇年ぐらいまでは男性の時代でしたが、それ以降は、うお座からみずがめ座の時代（アクエリアスの時代）へと移り変わり、女性性の時代が到来したのです。物質性を重視する価値観から、精神性に重きを置き、スピリチュアルなことにオープンである価値観への移行です。

そういう時代になったので、女性性を理解できない男性――男性優位、権威主義の発想やその考え方から抜け出せない、どちらかというと男尊女卑の傾向がある人間――は今までのやり方が通用しなくなり、発展性へとつながらなくなっていくでしょう。もちろんすべてではありませんが、男性のクライアントさんが増えているのは、潜在的に女性性の高まりの流れを素早く察知して、なんとかそれを理解しようとする男性が増えてきたことを意味します。これまでとは違う「何か」に気づき、その何かを求めてやって来るのです。

男性の相談には恋愛に関するものもありますが、やはり仕事上のことが圧倒的な割合を占めています。たとえば女性が多く働く企業の社長や、主に女性と仕事をする部署の担当者の方などは、どうやって女性と上手に関わり、スムーズに仕事を進めることができるかに頭を悩ませています。小手先の、付け焼き刃的な対処では根本的な解決にはつながらないと気づき、手がかりを模索しながら、同時に自分自身も高めようとしてスピリチュアルな方向性へとシフトしているようです。さらにそこから、どうして自分は生まれて来たのか、自分の本当の役割は何か、自分という存在の本質的な意味を知りたいと、少しずつ女性性を受け入れ、理解するようになってきたといえるでしょう。

変化を怖れない

ただ、男性女性に関係なく、目の前の現実に翻弄されてしまっている人に、いきなり「目を醒ましてください」と言っても、まったく聞く耳を持たないか、理解できないせいで荒唐無稽なことを言われたようにポカンとしてしまいます。

そうならないためにも、段階を追ってお話しする必要があります。たとえばその方の現世での過去から、または過去世から説明をしたり、あるいはシンプルにガイドたちからのメッセージを伝えることで少しずつ理解の幅を広げながら、核心へ近づいていくのです。真実は、誰もが魂であり、霊的な存在であるからこそ、深いところでは「知っている」ので、誰もが目醒めるチャンスを持っています。機が熟せば、花は開くはずだからです。

そうして一人ずつ変わっていけば、すごい力になります。よく「私一人が変わったって何も変わらない」と言う人がいますが、まず自分が変わることが大切です。一人が変われば、周囲に大きな影響を与えます。

「バタフライエフェクト（効果）」というものがあります。

蝶が地球の端っこで羽ばたくと、その影響で風が起き、埃が舞い、連鎖反応的にそれが回り回ってすべてに影響を及ぼすというものです。同様に、僕たちはもともと宇宙意識の部分でつながっていますから、一人が変わると、同様に他に影響していくことになるのです。だからこそ僕はクライアントさんに、希望を伝えることを心がけています。そこから何か良いきっかけが導き出されるように願っているのです。たとえお話ししたそのときにわからなくても、二年後、三年後、言われたことが全部わかりましたと直接口頭で伝えられたり、メールを頂戴することがよくあります。本当の意味で理解するためには、経験や体験が必要で、時間がかかることもあるのです。

霊的な観点から希望を伝えても、その方のガイドのどんな言葉を伝えても、なかなか現状から抜けられない人もいます。いちばんの原因は、その方が自分のガイドの言葉を受け入れないことです。ガイドたちが「こうしてごらん、こういうことを試してごらん、こういう点に意識を向けてごらん」と言っていますよと伝えても、頑《かたく》なに自分の考えに固執《こしつ》して、受け入れないのです。ガイドたちの言うことを真に受けるべきだとか、もっと素直に言うことを聞くべきだと言っているのではなく、これまでのやり方がうまくいかなければ、違う方法を試してみませんかと提案しているのです。心の深い部分で、本当は変わりたくないと思っている人は、たとえ神でも変えることはできません。自分の責任一〇〇％、当人の問題です。自分の人生の主人公は自分自身であり、その自分が「変わることを決めなければ」、当然、何事も起こるはずがないのです。

ある人は何度もリーディングの予約が入るのに、その日が近づくと、その都度キャンセルになります。僕の所に来たいと思いつつ、一方では来たくないのです。本当に自分が変わろうという意志がないのです。這ってでも来れば、変わる可能性が拓けるかもしれないのにです。

心の奥底では、その人は本当はそのままが心地いいのです。人は、ここより向こうのほうが良いとわかっていても、変化することを怖れる生き物です。でも僕たちは、この地球に安定を求めにやって来たのではなく、自分の可能性にチャレンジするために生まれて来たのです。とくに、大きな転換期を迎えているこの惑星には、今までの「当たり前」といえるような安定など、どこにもありません。

これを書いている横で、僕のガイドの一人が次のように伝えてきています。

「『変化こそ安定なり』と心得なさい。進んで変化し、それを楽しめる意識が、本当の安定を見出すことにつながるのです。

ある状況に固執すれば、たとえ今安定していても、それがいつ終わるのかと怯《おび》えて暮らさなければならなくなることがわかるでしょう。ならば安定とは何なのでしょうか？　変化を拒んでいる限り、人は心の平安を得ることはできず、そのような状態では本当の安定など得られるはずもないのです。

人には自分自身の人生を変革していく力が生まれながらに備わっています。自分を信じることができないことほど悲しいことはありません。自分のいちばんの味方である自分自身を、もっと頼るのです。そこから、個人の力は引き出され、変化への階段の第一歩を踏み出すことができるでしょう」

〈第5章〉

宇宙意識（ハイヤーセルフ）につながる六つのステップ

（ステップ1）目を醒まして生きる——と決める

厳しく聞こえるかもしれませんが、何かや、誰かが幸せにしてくれることを期待して待ち続けても、永遠に訪れることはありません。たとえ待ち望んでいたものがやって来たとしても、今度は、それがいつまで続くかと不安を感じなければなりません。それでは本当には満たされないと気づき、またほかのものを追い求めます。そして終わることのない「幸せ探し」のループにはまり続けるのです。

では、その輪から抜けるためには、どうすればよいのでしょうか。

それには本来の自分につながり、目醒めることが必要です。そうすると、本当の幸せは自分の「内」にあって「外」にはないことが「わかる」ようになるからです。そして、それがわかると、「今すべてを持っている」ことに気がつくのです。

不足を感じるから、満たそう、探そうとしますが、もしすべてを持っているなら、ほかの何かで満たさなくても満足するはずです。そうすると、そのバイブレーションで映し出す現実は豊かで満たされたものになるのです。つまり、「先に」自分が満たされなければ、鏡である現実は、いつまでたっても満たされることはありません。では、「先に」満たされるなんて、できるわけがないと思いますか。

いえ、できます。自分自身の宇宙意識につながることによって。

では、つながるためにはどうしたらよいのでしょうか。

そのためにはまず、「私は、今までの地球での生き方を終わりにし、目を醒まして生きる」と意図することです。声に出して（または心の中で）宣言することが大切です。なぜなら、自分の人生の主人公は自分ですから、自分が決めなければ何事も起こらないからです。

これまでの生き方を終わりにしたいと思ったとき、必要なことは何でしょうか。戦争や原発への反対運動、環境破壊に対する啓蒙活動、あるいは社会的な変革運動に参加することでしょうか？　もちろん、時にその活動が最善であるかもしれません。でも多くの場合、お互いがお互いの立場を主張するなかで対立が対立を生み、事態はかえって複雑さを生み、結局暗礁に乗り上げるというような事実を僕たちは何度も目にしているのではないでしょうか。

そうした活動に参加することが間違っていると言っているのではありません。アインシュタインの言葉のように、「いかなる問題も、それをつくりだしたときと同じ意識によって解決することはできない」と言いたいのです。

つまり、宇宙的な観点から観れば、今世界中で起きている様々な問題は、僕たちが「目を醒ますため」に集合意識から創り出したものなので、それを創り出した次元で解決しようとしても、次から次へと「新たな問題を生み出す」だけで、決して解決には至りません。では、解決するには何が必要なのでしょうか。

それは、自分が変わること、自分の意識を変えることです。

まずあなたが、目を醒まして生きる――と決めることです。

一人ひとりが目を醒ますことなしには、本当の意味で、何も変わりません。

大切なポイントは、自分の現実を創っているのは自分であるという捉え方です。つらいと感じる人生を送っているときほど、そんな風には思えないでしょうし、思いたくもないでしょう。自分で、こんな現実を創っているわけがない、そんなことを望んでいるはずもない、と感じるのは当然のことかもしれません。

でも、この本を読んでいるあなたは、もう目を醒ましたい、本当の自分を生きたい、少なくとも今の苦しい状況から抜け出したいと思って読んでいるはずです。そうであれば、「まず自分が目を醒ます」ことを、「そういうこともあるかもしれない」と頭の片隅には置いてほしいと思います。この章でお伝えする「統合」のメソッドを実践しながら、少しずつその事実に気づきはじめるでしょう。

自分が目を醒ますと、現実が変化することがわかります。自分の今の現実が、ほかの誰かや、社会や国のせいではなく、「自分に責任がある」ことがわかるようになります。何かや、誰かのせいにすれば、確かに楽になるでしょう。でもそれでは、自分の人生の主導権を他に明け渡すことになるのです。それを自分に戻すのです。そうすればあなたは本当の意味で自分の人生の主人公となり、望む現実をパワフルに創造していくことができるようになります。そうして問題を創り出した次元から抜けると、周波数が大きく変わり、映し出される映像は変化します。自分本来の姿である宇宙意識へとつながり、つながることで最善の方法が観え、行動することで、現実は変化するのです。

僕たちはもともと、雄大な意識そのものです。なぜなら創造主という完全なる一つの意識から分離した存在だからです。つまり、すべては本来一つであり、それゆえに同等であり、上下も優劣もありません。

今という時代、いちばんしてはならないことは、自分は下、彼らが上というような「分離」をつくることです。これまで人類は、他と比較することで、あらゆるところに分離をつくってきました。それを何世紀も何世紀もずっとやり続けてきたのです。そうした意識のもとで、他を見下したり、差別をしたり、搾取をしたり、支配したり、挙げ句の果てに戦争まで引き起こす——という歴史を嫌というほどくり返してきました。

でも、分離は終わりを迎えようとしています。

分離が極限にまで達し、時代は統合に向かっているからです。

地球自身は、統合に向けて加速度的に上昇を始めています。ですので、地球と一緒に上がっていけば方向性を同じくするため、僕たちの人生はスムーズに流れていくことになります。留まったり、分離の意識を強くすれば、流れと逆行することになって摩擦が生じ、それに伴い人生もますます複雑さを増すことになるでしょう。どちらの道を行くかは、あなたが決めなければなりません。自分の人生の主人公はあなたですから、あなたが決めなければ、何事も始まらないからです。

さて、あなたはどちらを選択しますか？

（ステップ2）地球のアセンションの波と同調する

目を醒ますと決めたら、まず地球のリズムと同調することが大切です。彼女（地球は聖なる女性性の存在です）は今、螺旋を描きながら周波数を上げ続けているので、その流れに乗ることで、僕たちも波動をより簡単に上げていくことができます。

●まず楽な姿勢で座り、軽く目を閉じ深呼吸をします。そして海でも山でも、自然豊かな好きな場所に立っているところをイメージし、その心地よさを充分に感じてください。

●リラックスしながら足元を見ると、跳ね上げ式の扉があるので、そこを開けてください。

すると下に降りる階段が見えてくるので、ゆっくり降りて行きましょう。
●しばらく降りて行くと、目の前にクリスタル製のエレベーターの扉が見えてくるので、そこに近づきます。すると扉が開きますので、それに乗り込み、降りるボタンを押してください。ものすごいスピードで「地球の中心」まで降りて行きます。
到着すると、とても広い時空間に出ます。そこには美しい自然が広がっていて、色鮮やかな鳥や蝶が飛び、心地よい風がそよいでいます。また太陽（インナーサン）の暖かさも感じます。
●辺りを見回すと、目の前にクリスタル製の椅子があります。それに座ります。固くはなく、しなやかで座り心地も抜群です。
●椅子にはシートベルトがあるので、それを締めてください。地球のアセンションの波、その流れから外れないためのベルトなので、気持ちよく座っていることができます。
●すると目の前に立体的な光の箱のようなものが現われ、そこには上下二段に分かれてデジタル数値が表示されたウインドウ（窓）があります。
上の段のウインドウには一〇〇という数字が表示されています。それは地球がアセンションの波に一〇〇％同調していることを表しています。
●下の段を見ると、そこにはあなたの現時点での地球のアセンションの波とのシンクロ率が表示されているので、どれくらいかを調べてみましょう。

一〇〇％の人は、そのまましばらくリラックスし、準備ができたらゆっくりと目を開けて、そのまま地球のアセンションの流れとともにその場にいてください。あなたの座る椅子も、シートベルトと同様に地球との同調のシンボルなので、自由自在に行動することができます。

●シンクロ率が低い人でも大丈夫です。

一〇〇％以下の人（優劣ではなく、単に状態の違いです）は、リラックスのために数回深呼吸をしましょう。耳をすますと、地球の鼓動が聴こえてきます。さらに耳をすますと、地球の呼吸のリズムも聴こえてきます。

●そうしたら、地球の呼吸にあなたの呼吸を合わせてください。地球のリズムに合わせて呼吸をしているとあなたの鼓動も一緒になり、それに伴って目の前の表示ウインドウの数値が上昇しはじめます。一〇〇％を表示するまで続けたら、同調した心地よさを充分に感じながら、ゆっくり目を開けてください。

このエクササイズを定期的に行ない、シンクロ率をチェックするようにしてください。もし数値が下がっていたら、同じようにして上げていきましょう。

（ステップ３）グラウンディングする

一度、地球の上昇する流れに同調したら、そこから外れないようにバランスをとることが大切になります。僕たちは地球に生きているので、この惑星とエネルギー的にしっかり結びついていることが大切です。これがしっかり確立すると、地に足のついたものの見方ができるようになります。生きているという充実感が湧き、人生に前向きに取り組むことができるようになります。集中力がないとき、頭がボーっとしているとき、物忘れが激しいときなどに試してみるとよいでしょう。

●グラウンディングをする際には、まず椅子や椅子状のものに腰かけ、足の裏を床や地面にしっかりとつけます。自分の身体が上から吊るされているように、背筋をピンと伸ばし、肩の力を抜き、顎は軽く引き、手は軽く組んでおきます。そうすることで、エネルギーが循環しやすくなります。

●軽く目を閉じ、深呼吸をしながら、尾骶骨《びていこつ》の辺りに意識を集中してください。それを少し続けたら、同じところにソフトボールくらいの大きさの光の玉があるのをイメージします。

●その光の玉から地球の中心に向かって、光り輝くエネルギーのコードが真っ直ぐ伸びていく様子を思い描いてください。コードは椅子を突き抜け、床を突き抜け、地面を突き抜け、速やかに地球の中心まで到達します。地球の半径は何千キロもあるのになどと考えずに、イメージの力を使って素早く中心につなげてください。

●コードが地球の中心に達したら、コードの先をコンセントに差し込むようにガチッとつなぐか、ベタッと貼り付けるか、もしくは地球の中心にグルグルと巻きつけてもかまいませんので、自分なりにコードをつなげてください。そうすることで、あなたは地球とエネルギーレベルでつながることになります。その感覚を感じながら、ゆっくりと目を開けましょう。

グラウンディングした瞬間、人によっては下に引っ張られるような感覚を覚えることも、どっしりとした安定感を感じることもあります。何も感じなかったとしても、確実につながっていますので安心してください。コードをつなぐことで、地球のリズムとの調和を助けるのです。日常生活でストレスや疲労が発生したときには、それらがコードを通って地球の中心へと流れていくようになります。するとそれはクリアーに浄化され、自分のパワーとして使えるようになってまた戻ってきます。その結果、再び意識が明晰《めいせき》になり、直感力も増し、いま何をすべきかという優先事項もはっきりするので、行動に無駄がなくなってくるでしょう。

最初は、どうしてもつなぎ方が甘くなります。一日に何度かつなぎ直すことが必要になるかもしれませんが、習慣にするうちに、朝つないだら一日中保ち続けることができるようになるでしょう。朝起きてすぐに行なうことで、目覚めがスッキリし、よりパワフルに一日をスタートできます。もちろん朝だけでなく、気持ちが不安定になったり集中力がなくなってきた際には、コードが外れているサインですから、再びつないでください。

（ステップ4）自分を一〇〇％の愛で満たす

多くの人が、本当の意味で自分を大切にしていません。自分自身を愛していません。誰かに愛してもらうことでしか自分に価値を感じられなかったり、満たされない部分を他の人に満たしてもらおうと必死になったりと、自分にポッカリと空いた穴を埋めるために、日々奔走しているのが実情です。

それを続けている限り、あなたが満たされることは決してありません。「外」は幻想であり、満たされたと感じたものは錯覚にすぎません。また長持ちもしません。次々に求め続けるしかなくなります。それでは永遠に満たされません。

でも、もし自分で自分を満たすことができれば、自分らしく生きることができるようになります。本当の意味で「自立」することになり、健全な自信が培われます。

そのために大切な要素は「愛」です。

愛などというとくすぐったく感じる人もいるかもしれませんが、愛はすべての基本です。愛がなければ何も生まれません。宇宙＝創造主は、まさに愛そのものであり、すべてはここから派生しているのです。

ここでは、自分を愛そのもので満たす方法をご紹介します。

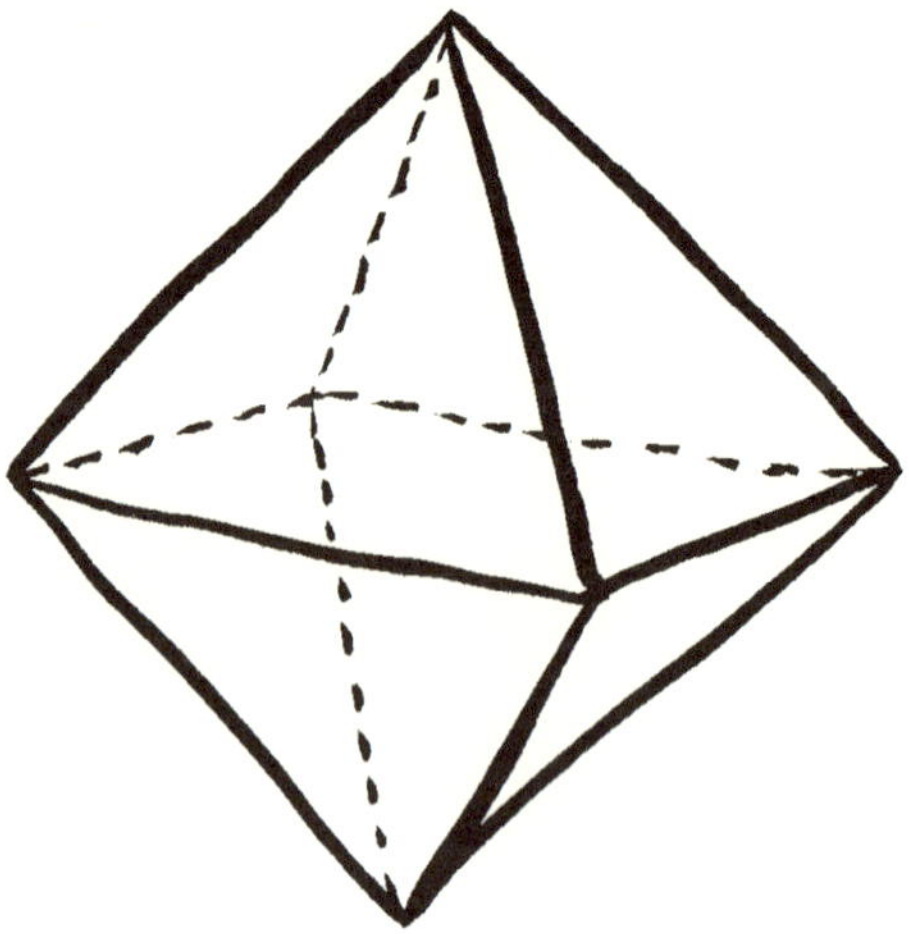

オクタヒドロン（正八面体）

これを続けて実践することで、あなた自身の本質が愛であることを思い出すことになるでしょう。そして愛はすべてを癒し、真実でないものを溶かしてしまうので、あなたはどんどん癒されていきます。

ここでは、後述の「統合」のステップでも扱う神聖幾何学である「オクタヒドロン（正八面体）」を使ってエクササイズをしていきます。この形は、二極性（陰・陽、男性性・女性性など）の統合やバランスをとることを可能にしますので、いつもこの中に自分がいることを意識することで、宇宙意識(ハイヤーセルフ)とつながることをサポートすることにもなります。

●まず楽な姿勢で座り、軽く目を閉じて、オクタヒドロンの中にいるあなた自身をイメージしてください。その形から身体の一部がはみ出ないようにします。あなたが心地よいと感じる大きさにしましょう。それをイメージすれば必要な働きをしてくれます。とはいえ、しっかりこの位置にいなければならないという決まりはありませんので、神経質になる必要はありません。もし心配なら、ハイヤーセルフに、オクタヒドロンを最適な大きさと位置に配置してくれるよう頼んでください。高いエッセンスがちゃんと導いてくれます。

●そして数回深呼吸をして、その中でリラックスしましょう。深い呼吸をしながら、あなたがどんどんクリスタルのように透き通っていくのを感じてください。

●次に、宇宙の高いところ(創造主)から、純粋で混じりっけのない一〇〇%の愛のエネルギーが光線のように降りて来て、オクタヒドロンの頂点を通り、あなたの頭頂部を通って、身体に入ってきます。愛のエネルギーは、キラキラとした輝きのあるピンク色でイメージするとよいでしょう。深呼吸とともに愛そのもののエネルギーが、あなたの透明な身体にどんどん注ぎ込まれていきます。首から頭、両肩、両腕、両手の先、背中からお腹、胸、腰、太もも、そしてスネから爪先までと、どんどん輝いたピンクの愛のエネルギーで満たされていく様を思い描いてください。

●そうして身体が愛で満たされたら、今度はハート（胸の真ん中あたり）にも、深呼吸をしながら、そのエネルギーを取り入れてください。あなたのハートはスポンジのように愛のエネルギーを吸収していきます。

●さあ、ハートが愛で一杯になってもさらに呼吸を続けながらエネルギーを取り入れていると、愛は身体の外側にまで広がってきて、オクタヒドロンの中を完全に満たします。すると、あなたの内側も外側も一〇〇%の愛で満たされます。その感覚をしっかり捉えながら、ゆっくり目を開けてください。

こうして自分で自分に愛を満たす習慣をつけることで、何がなくても、何が起きていなくても、安定感や幸福感、そして喜びを感じるようになります。何かや、誰かがしてくれると、「外」に求めることが少なくなるからです。孤独感を感じるとき、心にポッカリ穴が空いたようで満たされないと感じるとき、そして自分を好きになれないときなどに行なってみてください。

それほど時間はかかりません。一日に数回このエクササイズを行なうことで、あなたの中にある傷は癒され、愛で満たされることでハートがオープンになり、周囲との関係性も変化していきます。本当の意味で愛を与えることができるようになるので、人が前より自分に優しくなっていることに気づくようになるでしょう。

愛のバイブレーションで自分を満たすことは、自分自身の周波数を上げることにつながり、宇宙意識の本質である「無条件の愛」と共鳴しながら、さらに目醒めを加速していくことになります。

宇宙は愛そのものです

自分の本質とつながると、宇宙とつながります。あなたが宇宙そのものになります。そしてあなたが愛そのものになっていきます。宇宙はすべてを包含《ほうがん》しています。自分がすべてを包み込んでいるという意識になると、あの人もこの人も、すべてが自分の中に存在するものになります。そのときあなたは自分が宇宙の中心であったことに気づくのです。自分が宇宙の中心であるならば、自分がいなくなれば宇宙は成り立たなくなります。でもそれが宇宙意識につながるということです。

そんな考えはおごりであり、自分がいなくても宇宙は変わらず回っていくと思うかもしれませんが、違います。あなたがいなければ、宇宙は回りません。あなたがいなければ、宇宙は成り立たないのです。成り立っているのは、自分がいるからです。だからみんなが、かけがえのない存在なのです。誰一人として欠けてはいけないのです。

価値のない人、要らない人など一人もおらず、そもそも愛され認められていなければ、何者も存在しないのが宇宙なのです。なぜなら、宇宙は愛そのものだからです。そしてすべてがその愛から生まれたからです。愛そうとか、これが愛であるという段階を超えて、僕たちの存在が愛そのものになります。それがナチュラルになっていくのです。そうした無条件の愛がナチュラルな感覚になると、批判したり、非難したり、ジャッジしたりすることがなくなります。そして、ありのままを受け入れる意識になっていくのです。

（ステップ5）統合

それでは、いよいよ統合のプロセスに入ります。これから紹介するメソッドは僕自身が古代のレムリア文明（アトランティスと重なっている期間もありますが、その一つ前の文明です）に転生していた頃、神官として宇宙の叡智を受信する必要性から、自分自身の周波数を高め、維持するために使っていた方法です。それを、誰もが簡単に安全に行なえるようにアレンジしました。

●足元に、フィールドをイメージすることから始めましょう。

そのフィールドは、地球の大気圏をすっぽり覆うように存在していた、あのプラチナ・シルバーに輝いていたフィールドです。どこを見渡しても視界を遮るものはなく、地平線まですっかり見渡せるフィールドです。そして、あなたの足元は銀河のようにスパイラル（渦）を描いていて、その中心にあなたが立っています。

スパイラルはこの宇宙の基本的な要素です。台風、銀河、ＤＮＡ、原子の基本構造など、あらゆるところにそれを見ることができます。このエネルギーを使うことで容易に変容を起こすことができるのです。このスパイラルには固有の特性があります。実際は複雑な働きがあるのですが、ここでは基本的に、左回転はエネルギーを抜く働き、右回転はエネルギーを入れる働きがある、とだけ理解してください。

今あなたはプラチナ・シルバーのフィールドの中心に立っています。その周りは宇宙空間そのものです。あなたの目の前には、フィールドに平行するように巨大な筒状のエネルギーが走っています。僕たちの存在する「天の河銀河」のエネルギーです。あなたと「源」（創造主・根源のエネルギー）をつないでいる架け橋であり、白銀に輝いています。その先には、源のエネルギーが眩《まばゆ》いばかりに白光しています。

●では軽く目を閉じ、深呼吸をしてリラックスしてください。そして目の前に、映画館にあるような大きなスクリーンをイメージします。そこに今あなたが直面している問題を、イメージの力を使って映し出してみてください。それを観るとき、あなたの中に様々な感情（バイブレーション）が湧き上がってくると思います。怒り、嫉妬、不安、怖れ、拒絶感、絶望感――その感覚を捉えておいてください。

そのバイブレーションを手放していくのですが、感情や感覚というのは目には見えないものなので、そのままでは扱うことができません。ですので色や形を与えることで「扱えるもの」に変えていくのです。こうしたテクニックは、古代から賢人と呼ばれる人達が実践していたもので、僕は「バイブレーション・ビルディング」と呼んでいます。つまりバイブレーションという目には見えないものを、見えるものに作り替えるのです。

さて、古代レムリアでは「オクタヒドロン」（正八面体）という神聖幾何学を用いて、周波数を上げ、それを維持し、ヒーリングも行なっていました。神聖幾何学というのは、地球上に存在するすべての生命体が持つパターンであり、ひまわりの花の花びらや雪の結晶の中にもそれを見ることができます。つまり、森羅万象すべてに存在するものです。ここでは、図（184ページ）にあるオクタヒドロンの形をイメージして行ないます。オクタヒドロンはバランス・調和の性質を持ち、あらゆるものを中立化させる作用を持っているので、この形を使って効率的に統合を進めていくことができるのです。

●では、あなたがスクリーンに映し出した映像を見て感じているバイブレーションに意識を向け、それをオクタヒドロンの形に変えてみましょう。不安や心配、恐怖というバイブレーションは目に見えないので、それに形を与えて、扱いやすくするのです。イメージの世界ですから簡単にできます。

●それに色を加えます。適当な色を直感で選んでください。重いバイブレーションを手放していくのですから、黒、灰色、茶色など、暗くて重いイメージの色がいいでしょう。もちろんそれ以外でも、あなたの高いエッセンスが誘導する色なら、何色でもかまいません。

●次に重さを決めます。重いものを手放すのですから、それを手放せば、軽くなる——簡単な理屈です。何千億トン、何兆トン、できるだけ重くしてください。

●さらに大きさも決めましょう。ものすごい大きさをイメージします。ビルや星など、どれだけ大きくてもかまいません。古く、重いバイブレーションを手放していくのです。

●では、そのオクタヒドロンを、実際に両手を使ってガシッと挟んでください。ポイントは、大きさや固さや重さを体感することです。リアルにイメージすることで、実際にそれを起こしていくことができます。

●両手を突き出すようにして、オクタヒドロンをググッと前方に押し出してください。そうすることでそのバイブレーションを自分から切り離すわけです。

●それをそのまま目の前の筒状に伸びる「天の河スパイラル」にポンと押して投げ入れます。するとオクタヒドロンが、あなたから見てシュルシュルと「右回転」（源から見たら左回転）の

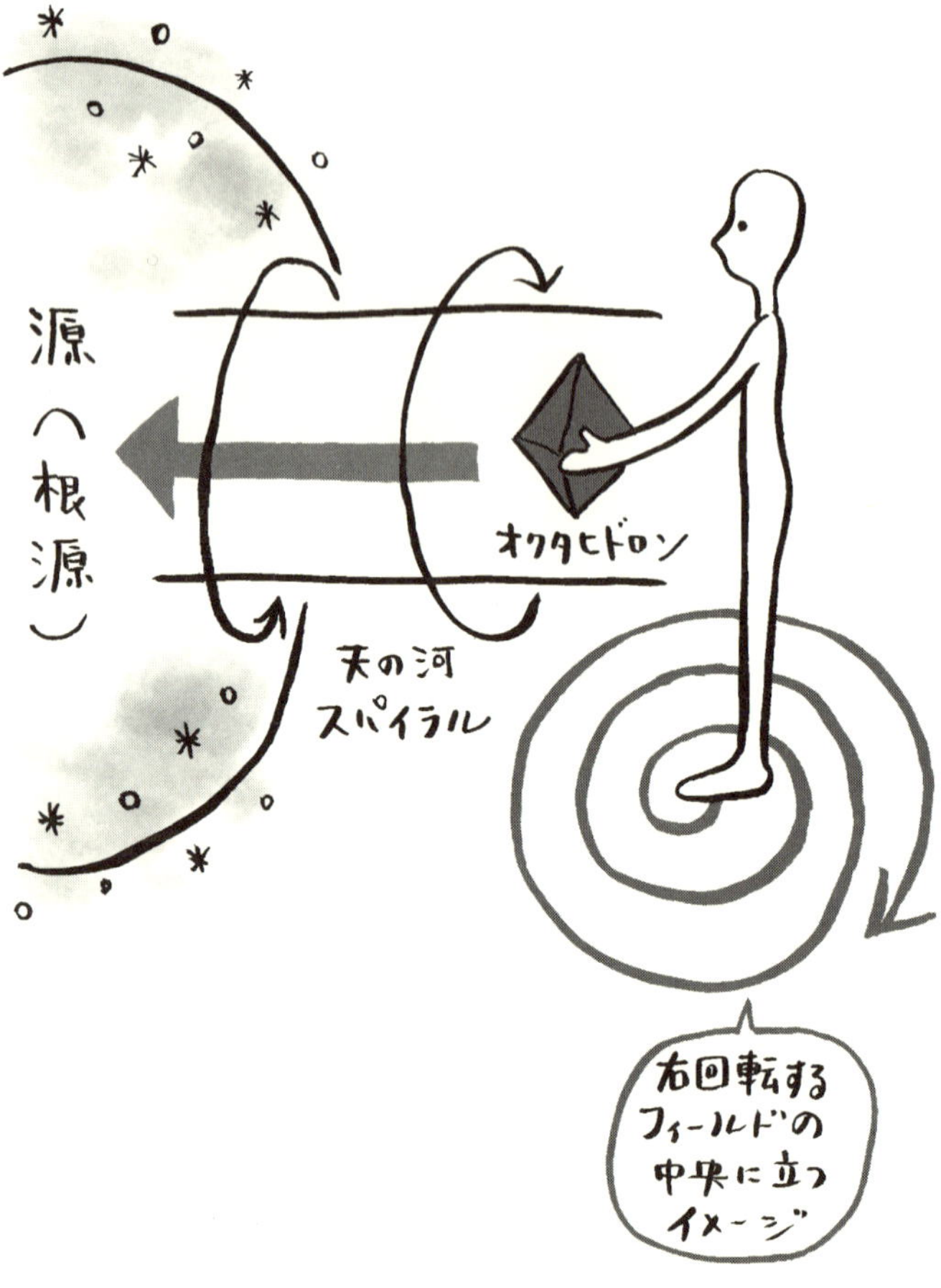
源へ（根源）
オクタヒドロン
天の河
スパイラル
右回転する
フィールドの
中央に立つ
イメージ

螺旋を描きながら、源へと速やかに吸い込まれていきます。

それを見届けたら、一度大きく深呼吸をします。

●さらに続けます。僕たちは簡単には目が醒めないように、また高い周波数を入れないように、シェルターのような何層ものエネルギー的な分厚い殻《から》で覆われています。それを、自分をスッポリ覆う黒や灰色のドームとして思い描きます。そしてそのドームを自分の両手を使って、あなたを中心にして頭上で左右に割るように、パカッと開いてください。

●すると新しい風と光があなたの時空間に吹き込んできます。深呼吸をしながら、この解放感や爽快感、そしてスッキリ感を感じてみましょう。

●まだ自分の中に重いバイブレーションが残っているように感じたら、その感覚に意識を向け、同様にオクタヒドロンを使って、それを手放してください。

●続いてすぐさま、源から浄化されクリアーになった、本来のあなたのものである統合されたエネルギーが、あなたから見て「左回転」（源から見たら右回転）を描きながら、眩いばかりの光となって、天の河スパイラルを通り、あなたに向かって流れ込んできます。

●その壮大な光を、息と一緒にあなたの身体に吸収し、満たしてください。全身が満たされると、光は身体の縁を溶かし、あなたの外に広がる宇宙意識の隅々まで満たしていきます。そして光は、あなたが立っているフィールドごとグググッと引き上げながら、あなたの周波数を上げていきます。

深い呼吸を意識し、光とともにまるで身長が伸びていくように拡大しながら、どんどん自分が上昇していく感覚を感じてみてください。
●心地よいと感じるところまで広がったら、その光を使って、新しいライトボディー（光の身体）を創りましょう。姿形は自由です。若くて、スマートで、美しいライトボディーなど、好きなようにあなたの新しい身体を創ります。
●その新しい身体で、全身の細胞を意識して、深呼吸してください。しばらくその呼吸を続け、宇宙に存在するすべてのものがあなたと調和して呼吸していることに気づいてください。
●そのときあなたは「光そのもの」になり、「すべてと一つ」になっています。
●深い心地よさを感じながら、周囲のあらゆる方向からキラキラと光り輝くダイヤモンドの光が集まってくるのを見るか、感じてください。ダイヤモンドの光は現在地球上で使用できる最も高い周波数のエネルギーの一つです。この光が、呼吸とともにあなたの全身に吸収され満ちていくのをイメージします。
●全身がダイヤモンドの光で満たされたら、その光でダイヤモンド・ライトボディーを創ります。頭の先から足の先まで、ダイヤモンドの光でできた身体です。固くガチッとしたものではなく、とてもしなやかに動く身体です。これは非常に高い周波数のライトボディーで、いま地球に刻々と降り注いできている高次元のエネルギーを効率的に吸収し、肉体に留めることが容易になるのです。

そのエネルギーを受け取る準備ができていないと、原因不明の体調不良や不安定さを感じることもありますが、高い周波数のエネルギーが身体に馴染む際に起こる、いわゆる好転反応ですので心配はいりません。

もう少し説明すると、準備ができていないと、身体に入ってくるエネルギーを「異物」と捉え、免疫細胞がそれを除去しようとするのと同じような反応を起こします。人によっては頭痛やその他の不調として出てきます。ただ、統合で扱うエネルギーは特別なものではなく、元々のあなたの高い周波数のエネルギーです。本来、馴染み深い、懐かしい光です。だから安心してそれを受け入れてください。僕たちは地球の低い周波数のバイブレーションに慣れ親しむことで、本当のエネルギーを忘れてしまっていただけなのです。

統合とは、本来の自分を思い出すプロセスです。それを忘れないでください。

●さあ、こうしてバイブレーションを手放した後、もう一度スクリーンに先ほどと同じ「問題」を映し出してみてください。それを見たときにどう感じるでしょうか？　先ほどと比べて軽くなっていませんか？

多くの場合、統合する前よりスッキリして、映像自体が小さくなったり、ぼやけてはっきりしない――といった変化を確認できます。時には、あまりにも変化が大きく、何を手放そうとしていたのかさえ思い出せなくなることもあります。

最初、あるバイブレーションを外そうと統合をして、少しは軽くなりますが、また同じ不安が上がってくるということがあります。このとき知っておいてほしいのは、バイブレーションは玉ねぎのように「層」になっているため、同じ感情が出てきても、それはその下にある層が出てきているので、前と同じものではありません。続けていくことで、どんどんその質が変化していくことがわかるでしょう。

日常感じているイライラやモヤモヤ、不安や怖れ、自信がない、自分にはできない――などのネガティブなバイブレーションを、こうして手放すことで、波動を上げていきます。もし日々の生活で、そんなバイブレーションを再び感じたら、それを真っ黒で重いオクタヒドロンをイメージして、すぐさま天の河スパイラルに押し出してください。

自分の持つバイブレーションに執着して握りしめるのではなく、その重さと大きさを胸やみぞおちのあたりで感じたら、すぐにそこから、硬くて重いオクタヒドロンの形にしてポンポンと手で押し出すように天の河に送り出してください。あとは深呼吸しながらフィールドごと自分が引き上がっていくのを意識するだけで、周波数が上がっていきます。行なっていることはとてもシンプルなのに、実はすごいことが起きているのです。

慣れてくると、素早くできるようになります。

出てくるバイブレーションをいちいち感じないで、ポンポンとバイブレーション・ビルディングをして、さっさと天の河に流してしまうのです。そうすることで、ネガティブなバイブレーションを素早く統合することができます。統合をする際に、問題を必ずしもスクリーンに映し出す必要はありません。映すのは、比較するため、「何かが起こっている」ことを確認するためです。心地よくないバイブレーションを捉えるたびに、どんどん外してください。

また足元にいつもプラチナ・シルバーに輝くフィールドを意識しながら、日常生活を送ってください。食事をしているときも、仕事をしているときも、何をしているときも、このフィールドは、あなたと宇宙をつなぐ架け橋になってくれます。

こうした統合が習慣化すると、あなたの波動はどんどん上がり、あなた自身の本来の姿であるハイヤーセルフ（宇宙意識）へと確実につながっていくことになります。物ごとを宇宙意識の観点から捉え、観るようになり、これまでわからなかったことがわかるようになり、あらゆる可能性が自分の目の前に広がっていることに気づくでしょう。

何ものにもとらわれない、調和、安らぎ、喜び、幸福感、無条件の愛という資質を持つ宇宙意識で生きることができるようになるとき、スクリーンはその資質を反映して、素晴らしい映像（現実）を映し出すようになるでしょう。

肉体を持ったままこの高い意識に到達し、それを体現して生きるようになることが、アセンションの一つの在り方です。くり返しますが、特別な存在になるのではありません。ただ本来の姿に戻る――それを思い出すプロセスがアセンションなのです。

（ステップ6）望む現実へ移行する

人間にはイメージする力が備わっています。想像力です。そして、これは「創造力」につながっています。この想像力を上手に使えば、僕たちは望むものを何でも創り出すことができます。イメージすること、想像することは「創造」です。創造主から人間に与えられたギフトです。それなのに、そのギフトをうまく使いこなせていない人が多いのが現状です。イメージ力というのは実際どのように働くのでしょうか。

僕たちが何かをイメージすると、特定の周波数が発生します。それが出来事を引き寄せるのです。言い換えると、ポジティブなイメージはポジティブな出来事を、ネガティブなイメージはネガティブな出来事を創り出すのです。

現実は自分の持ち合わせている周波数で映し出しているので当然ですが、多くの人が日々の生活に追われ、問題にとらわれ、不安や怖れにさいなまれています。もしあなたが一日中自分の思考を観察していたら、そのほとんどがネガティブに偏《かたよ》っていることがわかるでしょう。それがこの地球という制限に満ちた場の特徴なのです。そのバイブレーションを手放さない限り、複雑さや問題を創り出すパターンから抜け出すことはできません。望む現実を創造するどころではないのです。

「私は常にポジティブに望みをイメージしている」と言う人はどうでしょう。もちろん何かを創造するときは、まず望むことに焦点を当てることが大切です。ですが、「やりたい↓できない、あるいは難しい」という構図ができ上がり、結局形にならないことが多いのです。その妨げるバイブレーションがなければ、もっとスムーズにスクリーンに映し出されるはずなのです。

大切なポイントは、形になるためには、望む現実に自分の周波数を完全に一致させることです。少し難しく聞こえるかもしれませんが、これは特別なことではなく、僕たちはいつもこれで現実を体験しています。不安を感じているときは不安に、怖れを感じているときには怖れに、一致しています。だから、臨場感を持ってそれを体験できるのです。つまり、望むことに頭の先から足の先まで一致することで、あなたはそれを体験することになります。

このステップでは、いかに望む現実にスムーズに移行していくかに焦点を当てたいと思います。

あなたはこの地球に、自分の可能性を最大限に発揮するためにやって来ています。それは、本来のあなたを生きることにほかなりません。望む現実にどんどん移行しながら、そのプロセスで出てくる、本来のあなた以外のバイブレーションを手放し、周波数を上げていけば、目醒めのプロセスはさらに加速していくでしょう。

●まず、あなたが体験したい現実を選んでください。新しい友人やパートナーとの出会い、プロジェクトの成功、行きたい場所へ行くこと、こうなりたいと思うこと、何でもかまいません。

●それが決まったら、実際に身体を動かしながら行なってほしいのですが、自分が立っている目の前に、ドラえもんの「どこでもドア」のような扉をイメージしてください。そして、扉の向こうには自分の望む現実が広がっているのだと思ってください。自分はそこに行くと決めてください。

●では、ドアノブに手をかけて扉を開き、その望む世界に足を踏み入れてみましょう。後ろ手で扉を閉め、指をパチンと鳴らしてドアを消してしまいます。あなたはもう望む世界に住むのですから、戻る必要はありません。

●そうして辺りを見渡すと、目の前に、向こう側を向いて立っているあなたのシルエットが見えます。そうしたら、そこに向かって歩いて行き、スッと重なってください。目を閉じ、重なりながら、望む人生を生きているあなたがどんな生活をしているのかを想像してみましょう。どんなものを食べ、どんな習慣を持って、どんな人たちに囲まれて、どんな趣味や習い事をして、どんな仕事をして、どんな一日の過ごし方をしているのか――楽しさや喜び、そして幸福感を体感してみてください。あなたの想像でかまいません。どうせ、すべてあなたが創っているのですから。

このときあなたは、実際には「パラレルワールド（平行世界）」にアクセスしています。つまり、あなたの無限の可能性の一つにつながっています。無限は無限ですが、あなたが想像できるものにしかつながることができません。言い換えれば、想像できることは、すべて実現可能なのです。

●さて、その想像を感じたら、そのバイブレーションを自分に馴染ませるために、一度大きく深呼吸をしてください。そしてその体感を持ったまま、ゆっくりと目を開け、「そのまま」その世界に居続けましょう。そこで得た情報を真似てみるのです。たとえば、望む世界にいるあなたがダンスを習っていたら、早速それを始めてみます。何かスポーツをしていたら、それと同じことをしてみましょう。もちろん、可能な範囲でかまいません。でも、そんなことはできない、やれない、難しいなどのバイブレーションが出て来たら、すぐに統合してください。

あなたが本当にやりたいことに取り組むと、本来の自分に一致しはじめ、周波数が上がります。前にお話ししたように、僕たちはこの地球の「制限を楽しむ」ために眠ってきたので、本当の自分に気がつきそうになると、不安や怖れを抱き、失敗したら恥ずかしいからやらないほうがいいよと「警告」して、本当の自分に近づけないようにしていただけだったのです。なぜなら、そのままいくと、あなたは「目を醒ましてしまう」からです。

でも、あなたが本気で目を醒ますと決めたら、「こ・ひ・し・た・ふ・わ・よ」という本来のあなたの声に耳を傾け、目を醒まさないように邪魔していた地球特有のバイブレーションを、どんどん手放していけばいいのです。

そうしてあなたはますます目醒めていき、本来はパワフルで、自由で、雄大な意識である自分を思い出していくことになります。

以上のステップを「やってみたい」と思ったら、ぜひあなたのペースで取り組んでみてください。心の声に耳を傾けてください。目を醒ましていくプロセスはこれだけではありません。目を醒ますと決めた上で、違う方法でそれに取り組むということがあってももちろんかまいません。でももしあなたが「六つのステップ」に惹かれたなら、ぜひそれを使ってください。統合はある意味とてもシンプルですが、宇宙意識にダイレクトにつながっていくパワフルなツールなのです。

さてこの章を終えるにあたり、大切なことをお伝えしなければなりません。

それは「現実を良くするために統合するのではない」「現実を変えるために統合するのではない」ということです。統合が進むと、本来の高い周波数を反映した現実が創られていくため、その日常は、豊かさや喜びに満ちた調和のとれたものになります。でも、そうなると、「現実がスムーズになってきたから、これはこれで楽しい。このままがいい、なんとかこの状態を続けたい。失いたくない」と、その「現実そのもの」にフォーカスが向きはじめることがあります。

これでは目を醒まして行く方向とは「真逆」になってしまいます。統合のプロセスが止まってしまうのです。なぜなら、本来の僕たちは自分の「内側にすべてがある」ことを知っていたため、それに気づかないように、「外側」に強くフォーカスさせられ、注意を逸《そ》らされることで、眠っていられたからです。

「じゃあ、望む現実を生きたいと現実にフォーカスするのは違うのでは？」と思うかもしれません。でもこれは前にも触れた「本当に望むことに動くことで、目を醒まさないように使っていたバイブレーションを捉えるため」です。それを手放すから、自分の中が満ちていき、周波数は上がり、本来の自分を思い出していくことになるのです。現実そのものにフォーカスするためではありません。

そうして目を醒ますと、「なんだ、全部自分の中にあって、すべてとつながっていて、自分がすべてを創り出していたんだ」と、本当の意味で「わかり」、その意識から現実を創り出すため、かえって逆に、現実にとらわれなくなるのです。

自分が本当に望めば何でもできる、何にでもなれることを知っている意識になるので、何かが形になってもいいし、ならなくても、それはそれでいいと思うようになるのです。つまり執着がなくなっていくのです。

ですので、あなたの目的が「目を醒ます」こと、「肉体を持ったまま高い意識で存在する」ことならば、方向性を見失わないようにしながら楽しんでください。だからこそ、自分自身の最大限の可能性を生きることができるのですから。

まずはそうしたいとあなたが望むのであれば、充分にそれをしてください。いずれは「ここではない」、つまり「外側ではない」と気づくことになりますから。

そのときあなたは本当の意味で、本来の自分である宇宙意識に向かってUターンを始めることになるでしょう。

（第6章）

宇宙意識に還る

「現実」は自分のバイブレーションの反映です

「もうこんな暮らしや生き方には飽き飽きしています。私も宇宙意識に還りたい、でも不安や心配や恐れが付きまとっていて、こんな状態では還れないのではないでしょうか……」

そう漏らす人がたくさんいます。でも、地球のバイブレーションを持ち続けたままでは、目を醒ますことはできません。それを手放すことで初めて可能になるのです。言い換えると、僕たちが何世紀もの間、「自分の性格」だと思ってきた不安や心配や怖れなどのバイブレーションは、実は地球特有のもので、本来の自分のものではなかったのだと気づきます。本来の自分のものではないのだから、それを手放すことで宇宙意識を思い出し、本当の意味で自由になることができるのです。

地球という制限に満ちた磁場に降りてきて、僕たちは散々この「現実」を楽しみました。そして「もう充分やりきったから、そろそろ元の宇宙意識に還ろう」と、故郷に帰ることを決めたのです。出稼ぎに来た人がしっかり働いてお金を貯めて、故郷に帰って本当に生きたかった人生を生きるようなものです。

不安や心配はもちろん、イライラや怒り、罪悪感に無価値感――そうした感情を感じているときは、本来の自分から切り離された状態にあります。つまり、本当の自分につながっていないから、そのような感情を抱くことになるのです。

不安を感じる現実は、もちろんあなたが自分で創り出しています。僕たちが完全な宇宙意識の状態から地球に降り立った際に、波動を落とすために刻みつけた地球のバイブレーションの中の「不安」というフィルムを使って現実というスクリーンに映し出しているのです。現実というものは、これまでは体験して楽しむためのものでした。スクリーンに、楽しい・嬉しい・不安・心配・怖いなどのバイブレーションを貼り付けただけだったのに、あたかもそれらが自分の感情であるかのように、また、スクリーンのせいでその感情を感じている、と錯覚してきたのです。でも、現実とは、あなたの持っているバイブレーションというフィルムによって映し出された映像にすぎません。

つまり、誰かにひどいことを言われたから傷ついたのではなく、「傷ついた」というバイブレーションで、誰かにひどいことを言われたという映像を映し出したのです。誰かに悔しい思いをさせられたのではなく、「悔しい」というフィルムで、それを映したのです。さらにいえば、現実というのは、「今あなたは、こんなバイブレーション（フィルム）を持っていますよ！」と、あなたに教えてくれているだけなのです。

何かに怒りを感じたとき、実はその出来事には意味がなく、「ああ、いま自分は〝怒り〟

というバイブレーションを持っていて、これでこの出来事を映し出したんだな」と気づいただけなのです。僕たちは普段、無意識にフィルムを回しているので、今どんなフィルムを入れているのかは基本的にはわかりません。現実という出来事を通して、それが何であったのかが明らかになるのです。そうして自分が持っているバイブレーションに気づくことができれば、その気になれば、あとは簡単に手放すことが可能になります。手放してしまえば、フィルムは入れ替わり、今までとは違う映像（現実）が展開することになるのです。

量子力学の世界では、すべてが「波動」であると説明しています。波動とは、言い換えれば「波」です。椅子もテレビも、もちろん僕たち人間も皆、波の集まりです。それぞれを形成する周波数の違いにより、形や硬さ、大きさが変化するわけですが、元をたどればすべて波動です。これを「現実」に当てはめていうと、僕たちは特定の波動を発していて、それがまだ形になっていない波（場）に働きかけ、その波動によって特定の形（出来事）に結晶化させているといえます。つまり波動を変えれば、その波動で維持していた形はそこに留まることができず、新たな波動に応じた形へと再結晶化されなければならなくなるのです。そう考えると、現実は動かしがたいものであるというイメージが崩れ、波動を変えてしまえば、現実は簡単に変わってしまうことがわかります。

それを理解したうえで現実を眺めてみると、現実に対処するより前に、まずそれを創り出しているバイブレーションを外せばよいとわかるはずです。なぜならスクリーンに向かって怒っても泣いてもどうしようもないからです。

それがわかってくると、現実というスクリーンにのめり込むことが少なくなり、実際、映画を観るように客観的に現実を受けとめることができるようになります。すると、バイブレーションを上手に扱えるようになり、現実をもっと簡単に変えることができるようになります。日々の現実の中で、バイブレーションを捉えては外し、気づくたびに外すことで、あなたの周波数はどんどん上がり、ますます宇宙意識につながっていくようになるでしょう。

不安や心配を手放す

僕たちは何度も輪廻転生という生まれ変わりをくり返していますが、そのたびに不安や怖れなど地球のバイブレーションを強化してきました。現代に近づけば近づくほど人生が複雑さを増しているからです。「こんなことがあった、あんなことがあった」と友人たちと語りながら不安や怖れを共有していますが、実はこうして会話することで、バイブレーションを共振し増幅させているのです。話すことでつらい思いは軽くなると多くの人は考えがちですが、ガス抜きのように一時的にスカッとしても、話すことで出来事の現実味を増すことになり、あなたの中に「確固たるもの」として根付くことになるのです。しかもそれは話した本人だけに留まらず、それを聞いている友人のバイブレーションをも強化し、ちょうど音叉《おんさ》を使ってある音を鳴らすと、同じ音が共鳴するのと似ているといえるでしょう。

もちろん、不安や怖れについて会話してはいけないのではありませんが、僕たちは長い歴史上、こうしてバイブレーションを共振し合いながら深く眠ってきたのだということも知っておいていただけたらと思うのです。反対に、不安や怖れを統合して宇宙意識につながり、僕たちの本来のバイブレーションである喜びや調和、そして無条件の愛で共振し合ったなら、どれほど素晴らしい世界になるかは想像に難くないでしょう。もういい加減目醒めたいと思ったら、今日からネガティブな世間話を交すのをやめてみませんか?

宇宙意識を体験する

冒頭で、宇宙意識の状態を少しだけ体験しました。でもエクササイズを続けることで、宇宙意識をもっとありありと感じられるようになります。すると制限の次元でのリアル感が消え、今まで現実だと思っていたことがただの「幻想」に見えてきます。僕もそうでした。

宇宙意識につながりはじめたとき、この現実が張りぼてのように見えたことがありました。

目の前にいる人、目の前にあるものが、現実味のない、臨場感のないものに変わり、ちょっと押すとガラガラ崩れるような薄っぺらなものに見えてきたのです。今ではピントが合っているのでそうしたことはありませんが、その頃はとても奇妙な感覚でした。

統合していく過程で、逆に不安や恐れがどんどん出てくることがあります。前よりもっと苦しくなると感じる人もいるかもしれません。でもこれは当然のことなのです。なぜなら、自分の中に潜んでいた、何世紀もの間使い古してきた不安や怖れなどのバイブレーションが、統合の流れが起こったことで、まるで引き寄せられるように浮上してくるからです。

不安を手放した「統合」なのに、すぐにまた不安が上がってくるのは、手放す前と同じものが出てくるのではありません。それぞれのバイブレーションは層になっていて、玉ねぎの皮を一枚剝《む》くとその下の皮が現われるのと同じです。つまり、出てくるたびに手放していけば、必ず外れます。このくり返しです。不安や恐れがあまりにも強く刻まれていると、強い筆圧で書かれた鉛筆の文字跡が消しゴムで消しても残るように、なかなかきれいには消えません。でもくり返していくと、だんだん消すことができます。そうやって刻み付けた痕跡を手放し、消していきます。するとまた、持っていた必要のないものが次々に集まってきます。それをさらに手放し続けてください。

そうして統合を続け制限の次元を抜け、ふと目を開けると、そこはまったく違う世界だと感じます。統合をする前と後であまりにも違い過ぎて、「何を統合しようと思ってたんだっけ?」と以前のことが思い出せなくなるほど、自分が軽やかに変化することもあります。ビジョンで見える人の中には、今までいた地球が遠く下のほうに見えるのを体験する人もいます。つまり、多次元にまたがって存在する地球の次元を超えるような体験をします。僕も統合を続けて何段階も上がったとき、地球がいくつも連なって下のほうに見えたことがありました。そのとき僕はまったく新しい次元に立っていました。すると現実が様変わりし、まるで真実を隠す覆いが外れたように、視界がクリアーになるのを体験しました。

統合を続けることで、罪悪感や無価値観というようなものが、以前のように臨場感を持って感じられなくなります。罪悪感という非常に重かったものが「ざ・い・あ・く・か〜・ん」のように軽く薄れていくのです。罪悪感がそれと感じられなくなり、これもただの地球のバイブレーションだったのかと観えてくるのです。

不思議に思う方もいるかもしれませんが、宇宙意識の観点から観ると、罪悪感であれ幸福感であれ、あまり違いはありません。罪悪感は悪いこと、幸福感は良いことという区別が消えて、判断する意識がなくなります。罪悪感は罪悪感というただのバイブレーションにすぎず、同様に、幸福感は、幸福感というバイブレーションにすぎません。たとえていうなら、バイブレーションの違いは、ドレミファソラシドという音階の違いほどにしか感じられなくなるのです。

地球上の意識と宇宙意識

制限の中で生きる意識と宇宙意識は、どう違うのでしょうか。

顕在意識（表面的な意識）と潜在意識（表面的には捉えられない無意識の領域）を表すモデルケースとして、氷山にたとえられることがあります。海面に表出している氷の部分を顕在意識（全体の三％）、海中深く沈んでいる部分を潜在意識（全体の九七％）と説明されますが、まさにこれに相当します。制限の意識は三％、宇宙意識は九七％。そう考えると、制限に満ちた意識と宇宙意識とではまったくスケールが違うことがわかるでしょう。

つまり僕たちは、本来の可能性一〇〇％のうちのわずか数％しか使っていないわけですが、残りを使いはじめたら、これまでとは比較にならないぐらい生き方の幅が広く大きくなり、人生の質も向上するでしょう。それまでできなかったことができるようになり、潜在していた能力も発揮されるようになるのです。

完全な宇宙意識につながるほど、すべての人が一〇〇の力を持っていて、完全な意識であることがわかります。まだ深く眠っている人も本来はそうした存在であると知れば、同情や憐れみはなくなります。なぜなら、本来一〇〇の力を持つ存在が、他から慰められるような現実をあえて自ら創っていると観えてくるからです。それなのに、あなた可哀想ね、つらいわよねと同情していては、誰も目醒められなくなります。バイブレーションの共振と増幅を起こし、その次元にガチッと固まり、抜けられなくなってしまいます。

子供の頃、「寄り添う」ことを美徳として教えられたことがあると思います。目醒めるという観点からいえば、寄り添えば、その人はますます眠っていくことになります。冷たくしなさいと言っているのではなく、寄り添う意図を見つめてほしいのです。同情するのは、優しい人と見られたいから、そうしないと冷たい人だと言われるから、という人もいます。単に「そうすべきだ」と何の疑いもなく寄り添う人もいるでしょう。でももし、本当にその人に引き上がってほしいのなら、あなたがその人と同じ次元に降りていくのではなく、寄り添わないことで出てくるかもしれない罪悪感や申し訳ないというバイブレーションを手放してください。そうして高い意識の次元に上がり、そこに留まり続けてください。その人に合わせるのではなく、高い次元から観えることや感じることをその人に伝え続けてください。あなたが降りていかなければ、あなたと関わるためには、その人は上がってくるしかなくなります。その結果、引き上がってくることになります。そうすれば、その人は新たな視点を得、エネルギーを取り戻し、前進することができるでしょう。

あなたが宇宙意識という高い意識で存在するようになると、そういう周波数を電波のように発信します。そして高い周波数の音色は、周りの人の周波数を引き上げることになります。誰もがもともと高い意識の存在だったので、その音色を聴くことで忘れていた周波数を思い出すのです。それは僕たちの懐かしい本来の在り方であるため、高い周波数に同調する性質をすでに備えているからです。ですからあなたが宇宙意識に還ることを決めたなら、同時に、もうその次元から降りないと決めてください。

ワクワクすることで人生を満たす

どんな場所にいるとワクワクするのか、誰といると、何をしているとワクワクするのか。「こ・ひ・し・た・ふ・わ・よ」を思い出してください。ワクワクすること、惹かれることにどんどん動いてください。人生をワクワクすることで満たすとき、あらゆる面でポジティブな循環が起こります。あなたの周波数が楽しさや喜び、そしてワクワク感そのものになれば、現実というスクリーンには、それを反映した映像が映し出されるようになるのです。

大切なことは制限のフィールドから抜け出すために、古い地球のバイブレーションを手放すことです。古くて重いものを外すと、喜び・調和・豊かさ・幸福感・無条件の愛というバイブレーションそのものになります。誰もがそうやって宇宙意識を思い出し、その意識で共振しながらこの世界の現実を創っていったなら、この地球は丸ごと変化することになります。そして世界各国で山積みになっている問題は、まさに消えてなくなっていくでしょう。

こうした生き方も、魅力的だと思いませんか？

「これ以上の喜びはない」と感じていた地上でのエクスタシーも、宇宙意識で得られるそれと比べたら比較になりません。「私は今ここで充分幸せです」としていた幸せ感と、宇宙意識に生きる幸福感とではまったく次元が違います。質も桁《けた》も違います。制限のフィールドで感じているそれは、結局、制限つきですから、それを超えて感じる充実感は言葉では表せないほどです。不安や怖れから解放され、なりたいものには何にでもなれ、やりたいことは何でもでき、行きたいところにはどこにでも行ける――そんな喜びや幸福感に常に満たされて生きる人生を想像してみてください。それが本来の僕たちの自然な在り方なのです。

過去・現在・未来をつなげない

僕たちが普段やりがちなことで、とてもマイナスに働いていることがあります。現在に、過去と未来をくっつけることです。これは誰もが無意識に、しかも日常的にやっています。

過去と未来を今の自分にくっつけて、過去がこうだったから今こうなって、今がこうだから未来はこうなるだろう――と当たり前のようにやっています。列車を連結するように、「過去」と「現在」と「未来」をガチッとつなげてしまっているからです。でも本当のところ、これはまったく真実ではありません。つながっていないのです。過去は過去、現在は現在、未来は未来です。あなたが波動を上げていくと、過去も未来も「つながっていない」ことがわかります。実際、あなたは一瞬ごとに「新しいあなた」であり、その都度選択することで、まったく違うあなたになることができます。僕たちはそれほど自由な存在なのです。

次のようにイメージしてみてください。アニメーションは映像として見れば滑らかに動きがつながっていますが、実際は一コマ一コマ描かれていて、それ自体独立しています。その一つひとつのフィルムを回すことでつながっているように見えるだけです。実は、現実もまったく同じなのです。つまり、本当は次の瞬間、あなたはまったく違う自分であってもいいわけです。

ある多重人格の患者のエピソードを聞いたことがあります。その患者は多重人格であるため、突然、人格が別人のように変わるのですが、Ａという人格のときにはガンを患っていて腫瘍があるのですが、Ｂという人格に変わった瞬間、身体検査をしても腫瘍が見つからないというのです。つまり、ＡとＢでは、文字どおりまったく違う人間になっているのです。

僕たちは毎日同じようなことを考え、同じようなことをしています。なるべく無難に済ませようと大胆な変化を選択しないため、変化は小さく、つながっているように見えるのです。過去に何があっても、現在がどんな状況であっても、あなたは今それを変えることができます。毎瞬、真っさらであることを知ってください。何を体験したいのか、どんな自分になりたいのかを、その都度選択してください。それが習慣になれば、あなたは、テレポートするように現実を移行できるようになるでしょう。

たとえば、あなたが蝶だとします。幼い頃のあなたは芋虫《いもむし》です。草や葉っぱの上を歩き、モグモグと足元の緑を食べています。ところがある日、あなたはサナギになります。もし過去にしがみついていたら、サナギになることは苦痛かもしれません。あんなに自由に動きまわっていたのに、どうして同じ場所にじっとくっついていなければならないのかと。そしてその状態に慣れた頃、今度はサナギから蝶になります。過去にしがみついていると、あなたはこんな文句を言うかもしれません。

「じっとしていたほうが楽だったな……」

過去に縛られていなければ、蝶はどの状態も、どの体験も楽しめるでしょう。芋虫のときには緑の葉っぱをモグモグ食べ、サナギのときはじっとして安らぎ、蝶になれば自由を満喫するのです。

過去はもう過ぎ去ってしまったので、ここにはありません。未来はまだやって来ていないので、これもありません。確実に存在するのはたった今、この瞬間だけです。過去を憂い未来を心配するとき、僕たちは、自分のパワーを過去や未来に分散させることになります。それでは今世を生きるのにパワー不足になり、十分に動けません。すべての可能性を選択できるのは「現在」ですから、しっかりと「今」に集中できる状態をつくっておくことが大切です。それが望む人生を生きる秘訣なのです。

一〇〇％目を醒ます

あなたが目を醒まそうと決めたなら、一〇〇％目醒めることにコミットしてください。統合を続けていくと意識がどんどん軽くなり、こだわっていた出来事や問題が気にならなくなります。頑なだった現実は柔らかくなり、調和がとれてきます。

「もうこれでいいや。大分楽になったし」と自分の現実にフォーカスすると、そこで統合のプロセスが止まってしまいます。統合のクラスを開いていると、生徒さんの中には、そうしたケースがよく見受けられます。それでは宇宙意識の状態をほんの少し「垣間見る」だけで終わってしまうのです。

現実が良くなることが目的なら、それでもいいかもしれません。でも、目を醒まして、肉体を持ったまま宇宙意識を体現して生きることが本当の望みなら、厳しいようですが、中途半端では、それはかないません。九〇%目醒めているからいいと思っていても、一〇%はしっかり制限の次元にいることになるからです。本当に目を醒まそうと思ったら、自分の内にある地球のバイブレーションを捉え、手放すことだけに集中する必要があります。外は関係ありません。くり返しますが、外側の現実は、内側に持ち合わせているバイブレーションの反映にすぎないのですから。

連想ゲーム（意識の跳躍）

次の連想ゲームは、あなたがいかに自分の意識を変えられないか、自分の意識を自由に移行させることができないか——に気づくよい機会になります。この連想ゲームは、できるだけ与えられたワードと関連しないものを連想するというものです。一般的な連想ゲームとは趣向が違います。

たとえば「海」と聞いて、何を連想しますか。

普通なら、「魚」や「波」でしょう。「太陽」と答える人もいるかもしれません。海と太陽

——のように。

では、「鳥」「星」ではどうでしょう。考えずに瞬時に、あなたの直感で、どこまで飛躍した答えが出せるでしょうか。ではチャレンジしてみてください。

「港」

「船」

「犬」

「月」

できるだけかけ離れたところに飛ぶようにしてください。近いところを連想するのではなく、遠くまでジャンプしましょう。これができるようになると、自分の中で大きな意識の切り替えが簡単にできるようになります。テレポートするように変化を起こしていく基礎ができるのです。

では、「雪」

……正解はありません。

もちろん僕の答えはありますが、あえてそれは書かないことにします。「自ら答えを出す」ことが大切だからです。いわゆる「答え」のようなものを出すと、そこに「正しい」とか「間違い」、あるいは「比べる」という判断する意識が芽生えます。それは目を醒ます方向性とは「真逆」になるからです。ですので自由にあなたの答えを出してみてください。

まったく関連のないところまでジャンプできる人は、非常に自由で柔軟な意識を持っているといえます。でも平均的、常識的な答えでは、まだ現実をジャンプできるほどの選択能力とはいえないでしょう。

ワードを聞いてウッと詰まったり、「海」と問われて「港」「カモメ」のようなイメージしか出てこないときは、地球の制限の意識を使っています。何と答えようかと迷って、左脳で考えてしまうのです。そうやって僕たちは制限の意識をしっかり使っています。それではこの枠から脱けることはできません。

宇宙意識につながってくると、意識が拡大し、柔軟な発想ができるようになるので、このゲームはそのバロメーターの役割を果たしてくれるでしょう。

バロメーターといえば、もう一つ。宇宙意識につながっていると、安心感に満たされ、未来は素晴らしく良くなっていくことがはっきりとわかります。パワフルに自分の望む人生を創造し、変革していくことができることを知っているからです。反対に、つながっていないときには、先行きを考えて、不安や怖れがどっと出てくるようになります。宇宙意識につながっているかどうかを知りたい際には、ぜひチェックしてみてください。

無限に拡がる意識

二〇一一年のある日、僕は統合のプロセス中に、意識が拡大し、地球を離れてどこまでも上がっていくということを体験しました。意識はどんどん広がり、どこまでも大きくなっていきます。拡大する感覚は本当に心地よく、自分はなんて自由で豊かで幸せなんだろうと至福感がこみあげてきます。その雄大さを感じながら、ものすごい勢いで太陽系を超え、銀河系まで広がったかと思ったとき、突然、不安が襲ってきました。このままどこまで広がっていくのだろう、方向もわからず、つかまり棒もないのに――と急に心細くなったのです。恐怖を感じ、「戻りたい！」と思った瞬間、またすごい勢いで肉体に意識が戻ってきました。

安堵するとともに、宇宙は文字どおり無限であることがわかったのです。つまり僕たちの意識は、どこまでも拡大し続けることができるのであり、終わりはないのです。僕たちは、宇宙意識につながることで宇宙を体験しますが、それは言い換えれば、僕たちは宇宙そのものであるということです。それをありありと理解することができた体験でした。

実際、統合が進むにつれて、誰といても、何をしていても、自分を意識すると、宇宙空間が観えるようになりました。宇宙意識の状態を体感することで、今までは何となく漠然としていたものがよりリアルになり、その存在をありありと感じることができるようになったのです。

統合を進めるなか、あなたも様々な体験をしていくことになるでしょうが、今では、あなたと宇宙をつなぐプラチナ・シルバーのフィールドがしっかり存在していますから、そのフィールドと一緒に上昇していけば、足元も安定し、先に進むことができます。安心して統合に取り組んでいただきたいと思います。

地球への奉仕

ハイヤーセルフ（宇宙意識）につながることで、あなたは「知っている」状態になりますが、それだけでありません。その意識を通して、天使やガイド、そしてマスターたちとも強いコネクションを持つようになります。すると、ある種のお役目をいただくことがあります。あなたの高い波動は高次元の存在たちから注目され、本人が気づいているいないにかかわらず、地球の変容に必要な様々な行動へと導かれるようになるのです。もちろん、あなたにできないことを頼んでくることはありません。ご安心ください。

たとえば僕自身は、二〇一二年の八月八日に伊勢神宮の内宮に光の柱を立ててほしいと天《あま》照大神《てらすおおみかみ》から依頼されました。人間的な都合でいえば、夏休みに入っていて宿や新幹線の予約がままならなかったのですが、そうした依頼が来たときは、様々なことがスムーズに運びます。その日、内宮入り口の宇治橋を渡っていくと、渡りきった先の鳥居の向こう側に天照大神が降りてくるのを感じました。光の柱は五十鈴川の御手洗場《みたらしば》に立てるように言われていました。ところが実際行ってみると、当たり前なのですが、御手洗場には参拝客がたくさんいます。このまま光の柱を立てるのはどうかなと思い、どうしたらいいかお伺いをたてると、耳元で「少しお待ちなさい。人払いをしますから」と声が聴こえました。するとそれまでひっきりなしにあった人の流れがサアーっとなくなったのです。入り口から来る人も、参拝を終えて戻って来る人もいません。その場にいたのは、同行してくれた友人と一人の女性だけでした。その女性は微動だにせず川の向こうを見ていました。もしかすると僕と同じようにお役目を果たしていたのかもしれません。とにかく静かになったので、そこに高次元の存在たちに言われたとおりの方法で光の柱を立てました。「終わった」と思ったとたん、人がどっと押し寄せてきました。いつもながら上の働きはさすがというか、見事なものでした。

二〇一二年はとくにそういう依頼が多く、これも八月でしたが、メキシコのチチェン・イツァーに行き、ペルーのマチュピチュにも行きました。その年の十二月二十一日がアセンションの始まりの日であるといわれていましたが、その調整のために行くように導かれたのです。

マチュピチュの遺跡ではマニカという女の子のスピリット（霊）が出てきて案内してくれました。彼女は遺跡の向こうから突然現われたのですが、「あなたたち（僕と友人たち）、お役目で来たんでしょ？　私が案内してあげる」とガイド役を申し出てくれたのです。ツアーガイドはいたのですが、マニカと一緒に行くほうがしっくりくる感じだったので彼女についていくと、グループより先にエネルギーの高い聖なる場所に着きました。そこでマニカと会話しながら過ごしていると、あとから来たツアーガイドに「この人、どうしてこの場所がわかったんだろう？」と不思議そうな顔をされましたが、「マニカが連れてきてくれました」とも言えず、おそらくヘンな人と思われたでしょう。こんなことがよくあります。実際、僕は今の地球では変わった人と映ると思いますので、別段かまわないのですが。

そうした依頼は今たくさんの人のもとに降りてきています。ただ本人がそれを自覚していないこともよくあります。僕への依頼は、場のエネルギー調整が多いのですが、人によってはどこかに行って料理をしなさいであったり、ここに行って誰かに会いなさいであったりと様々です。「こ・ひ・し・た・ふ・わ・よ」に従っていれば、何の役に立つのか、それがすぐわからなくても、めぐりめぐって地球の次元上昇の助けになります。そして多くの人が導きに従うことができれば、そうした行為は世界がうまく回っていく状況を生み出すための礎《いしずえ》になります。ですので「ここに行ったほうがよいと感じる」と思ったら、そこに行き、

「こ・ひ・し・た・ふ・わ・よ」に従って行動してみてください。それが地球のバイブレーションを上げていくことにつながります。このような行動は奉仕でもあり、高次元の存在たちとの大きな愛の実践でもあります。愛の循環が地球の次元を押し上げていくのです。

二〇一四年の二月、箱根に行ったときのことです。

その日は大雪でしたが、その雪には土地の浄化の意味がありました。関東の護りを強化するためにこの地を浄化しなさいという龍神からの依頼があっての箱根行です。各地で地震の動きが活発になるなか、関東にも大きな影響が出ようとしていたため、大難を中難に、中難を小難に、小難を無難に変えるべく、土地の調整を依頼されたのです。これは特別なことではありません。僕だけでなく、高次の世界からの啓示を受けて活動されている方たちがたくさんいます。意識しているかどうかにかかわらず、あなたもそうした一人かもしれません。世界が大きな節目を迎えている今、それぞれが、それぞれの場所で、それぞれ必要なことをしているのです。

そのとき僕はホテルで寝ていて、地殻エネルギーの胎動を背中に感じました。ものすごく活発になっていたのです。高次からの説明によれば、箱根神社には関東の護りを司る役割があるそうで、その働きを強化するため、神社とその一帯の土地の周波数を上げる必要があるとのことでした。行なったのは、高次の存在たちのサポートのもと、同じお役目を持つ方々と高い周波数を維持して、その地に入ることでした。すると箱根神社のエネルギーがグンと引き上がったのです。またシリウスの存在たちからのサポートも入りました。その様子を視覚的に捉えられた人たちは上空に様々な色の光線を視ました。実際、上空には、箱根神社を包み込むようにシールドが張られ、宇宙船が滞空し、一帯の周波数を上げるために色とりどりの光が満ちていたのです。

龍神のエネルギーを活性化する

二〇一四年六月に神奈川県の江ノ島にある江島神社に行きました。

日本では龍のエネルギーがとても大切にされていますが、それを象徴するように日本列島は龍のような形をしています。北海道が頭、本州が胴、伊豆半島あたりに手があり、九州・沖縄が足から尻尾です。日本には龍のエネルギーが満ち、龍神を祀《まつ》る神社がたくさんあります。とくに二〇一四年は龍神とのつながりが目立って多い年でした。

江島神社には龍宮《わだつのみや》という龍神を祀る祠《ほこら》があります。宗像三女神をそれぞれ祀っている辺《へ》津宮《つみや》、中津宮《なかつみや》、奥津宮《おくつみや》の三つの宮のうち、いちばん奥にある奥津宮の脇に龍宮があります。そこに来るようにと龍神から言われていたのです。

当日は嵐のような暴風雨で、このままでは参拝もままならないと思い、出発前に龍神とコンタクトをとり、何とか雨をやませてくれませんかとお伺いを立てたのですが、ひと言「やまぬ」とビシっと言われました。龍宮で行なう儀式には雨と風が必要だったのです。

ようやく龍宮に着くと、足がどんどん裏手へ引っ張られていきました。祠の横の細い道の奥から芳《かんば》しい香りと、寒い雨の中にもかかわらずとても暖かい空気が流れてくるのです。導かれるまま足を進めると、スッと立ち上がった小さな木と石の祠が静かにたたずみ、とても神聖なエネルギーが流れていました。ガイドたちから、この場を活性化することでスイッチが起動すると伝えられたので、ガイダンスどおりに事を進めました。一通り儀式が終わり、龍神に挨拶をすると、「二〇一五年から日本は転機に入るが、必ず浮上する」と伝えられました。事はなされたようでした。

僕はいつものように、

「今回の儀式が成功したのなら、目に見える形で、それとわかるサインをください」

と龍神に頼みました。すると「これがサインだ」と聞こえた瞬間、あれほど降っていた雨が突然やんだのです。参加していた方々も、これには本当に驚いていました。

龍神とのコネクションは、主に二〇一三年から始まったのですが、その年の十二月のある日、仕事を終えて帰宅すると、屋根の上にインディゴブルー（藍色）の龍がいるのが視えました。なぜ青龍がうちにいるんだろうと思っていると、その日を境に、あちこちで青龍という言葉や絵や置き物を目にするようになりました。何のサインだろうと思っていたのですが、どうやら龍宮からのエネルギーが来ていたようです。江島神社に行く前にインターネットで調べていると、龍宮のページに飛び、そこには石が積み上げられた拝殿入り口の上に据えられた青い龍の写真が大きく載っていたのです。

日本には龍や龍神を祀っているポイントがたくさんありますが、高次の存在によると、江島神社の龍宮には、日本の龍神の働きを活性化させるスイッチがあるそうです。これを押すことで、日本全国のポイントが連鎖的に活性化され、日本全体の周波数が上がるのだということでした。

日本にはしなければならないこと、国民がやらなければならないこと、世界に対して示していかなければならないことがあります。日本のブループリント（青写真）を活性化させて実行しやすくするのが、そのときのテーマでした。ツアーに参加してくださった方々はそのお役目を遂行するために、それぞれのブループリントに基づいて集まってきてくれたのです。

日本のブループリントは基本的には日本人各自のブループリントとつながっています。それぞれが生まれてくる前に、今世でこれを実行すると約束した「やることリスト」のようなものです。もちろん一人ひとりに違いはありますが、相関関係があります。その総体が日本のブループリントになるわけです。他の国にもブループリントが存在し、それらが重なりあうことで、地球のブループリントが形づくられていくのです。

僕たちがブループリントを実現していくのは、自分一人のためではありません。もし日本のブループリントが実行されなければ、他の多くのブループリントにも影響が出ます。だからこそ、日本の龍神のポイントを活性化することには大きな意味があるのです。

同じく龍神の導きで、その前の五月には九州に、八月には沖縄にも行きました。

様々な土地を回るのは、エネルギーポイントを活性化し、全体のエネルギーを高めることが主な目的です。二〇一五年は日本にとって大きなターニングポイントになります。自然災害のリスクも今年、来年と非常に高まります。このようにエネルギーポイントを活性化し浄化していくことで変化を促し、自然災害の影響を少しでも小さくしたいと願っているのです。

七月には、仏陀からの呼びかけで、タイに行きました。

タイは「ほほ笑みの国」と呼ばれますが、様々な問題を抱えています。ほほ笑みの裏には、人々の悲しみや苦しみ、怒りや鬱屈《うっくつ》があるのです。もちろんタイにはタイのブループリントがあり、それを実現するために、ある種の浄化が必要とのことでした。タイでは近年、自然災害や紛争が続いていますが、それは浄化のプロセスでもあります。日本を含めた他の国々と同様、新しい在り方へと移行する前の、毒出し、膿出《うみだ》しをしているわけです。まずはタイの中心地から始めるようにとのことで、友人たちとともにバンコク近郊にあるエネルギーポイントを一つひとつ巡り、そこを守護する神々とともに周波数を上げていきました。周波数が上がったことで、その場所を訪れるたくさんの人々にも恩恵がもたらされ、意識にも少しずつ変化が出てくることでしょう。

そのほかにも導きに従って、アユタヤをはじめとした遺跡を巡りました。その土地のバランスをとるための浄化の旅でした。すべてを終えたところで、サインとしてやってきたのは、洗礼のための集中豪雨と虹でした。タイは悲しみや鬱屈を手放し、本当の意味でのほほ笑みの国になることで、より高いレベルのブループリントを遂行することになります。そして高い意識の音色を響かせながら、周辺諸国をも引き上げていく役割を担っていくはずです。

迫られる選択

多くの人が本来の自分である宇宙意識につながれば、その意識から創り出す世の中は、今までと比べて大きく様変わりしていきます。

地球には今も破滅的な推測や予言が溢れています。氷河期が来る、彗星や隕石がぶつかる、あるいは巨大な地震や津波が襲うといった自然災害を含め、核戦争や疫病、アセンションに伴う天変地異など、恐怖を煽るような様々な話が巷を賑わしています。

でもあなたが本当に宇宙意識につながったら、世の中はこれからどんどん良くなっていくことがありありとわかるようになるでしょう。今の流れの中でいえば僕たちの状態は、渡り鳥が次の安定した気流に乗る前の乱気流の中を飛行しているようなものです。現実を見れば、とてもそんなふうには思えないかもしれません。でも、そこを超えれば、本当の意味で安定した流れに乗ることができるのです。宇宙意識につながる人が多ければ多いほど、変化は簡単に起こるようになるでしょう。

しかし問題を創り出した次元で解決しようとしても、どんどん複雑になるだけです。解決どころか、新たな問題を生み出し、深みにはまっていきます。そうならないために、外をなんとかしようとするのではなく、まずは内（自分自身）を変えましょう。現実を見て感じるバイブレーションを手放すのです。それらを創り出した制限の次元から抜けてしまえば、何をすればいいかが見えてきます。どうしようと考える前に、方策が見えてきます。あとは見えたとおりに動いていけば、問題だと思っていたものはその形を変えていくことになるでしょう。解決策がわからなくても、それを解消するのに必要な情報や人や出来事が自然に引き寄せられてくることで解決してしまうでしょう。宇宙意識につながることで、こうしたことが自然に起きていくのです。

僕が目を醒まそうと思ったとき

僕自身が目を醒まそうと思ったきっかけは、シンプルにいえば、今までの生き方に飽き飽きしたからです。何か事が起こるたびに一喜一憂し、あの事この事にとらわれ、どうしたらいいのか悩む——そんな生き方がいやになったのです。でも、子どもの頃からスピリチュアルな学びを通して自分と向き合うなかで、自分ではけっこう目を醒ましているつもりでした。ハイヤーセルフにつながって高い意識で生きていると思いこんでいたのです。でも目を醒ますと決め、さらに高い周波数に上がったとき、「ものすごく深く眠っていた」ことに気がつきました。

真剣に目を醒まそうと決心したとき、僕は一日中「統合」をしました。来る日も来る日も統合を続けました。何を見ても何を体験しても、「ああ、いま自分はこんなバイブレーションを持っているんだ」ととらえることだけに集中し、それを一つひとつ外していきました。それをずっとし続けました。

統合をしたあとは確かに意識が軽くなります。スッキリします。でも次の瞬間、すぐにまた同じようなネガティブなバイブレーションが出てくるのです。それがうまく手放せないいために、現実のスクリーンが似たようなパターンばかり映すようになり、「おかしい、どうしてだろう……？」と思ったとき、上からこう言われました。

「あなたは、本当に目を醒ましたいのですか？　目醒めるためにすべてを捨てる覚悟がありますか？」

すべてというのはいま自分が持っているすべてです。仕事の成功や、感謝すべき関係性、その他すべてです。それら全部を捨てても、目を醒ましたいのかと問われたのです。

そう言われた瞬間、「怖い！」と思いました。人生の様々な場面が心をよぎり、「失いたくない！」と思ったのです。身体は緊張し、涙が溢れてきました。

でもその一方で僕は絶対に目を醒ましたいとも思っていました。宇宙意識に魅力を感じていましたし、それまでの生き方にうんざりしていたからです。

そうしてしばらく葛藤したあと、突然スイッチが切り替わったように、スッと覚悟が決まり、「はい、すべてを手放しても、僕は目を醒ましたいです」と宣言していました。するとその瞬間、今までどうしても外せなかったバイブレーションが、ごっそり外れたのです。目を醒ますことに正面から向き合ったとき、それを妨げていた大きな扉が開いたのでした。

そうして気づいたのは、目を醒ましても失うものは何もない——ということです。失うというのは単なる幻想であることも観えてきました。なぜなら「すべて」と深くつながっていくからです。関係性はよりつながり感を増し、宇宙意識の元々のバイブレーションである「調和」の周波数で映し出す現実は、よりスムーズになっていきます。何より、統合することで内面が満たされ、本当の意味で充実感を感じます。僕は、本気で目を醒ます覚悟があるかどうかを試されたのです。「中途半端をしない」――このことは、目醒める上で、とても大切なポイントになるといえるでしょう。

（おわりに）

ほら起きて！　目醒まし時計が鳴ってるよ

過去世からこの世を観る

僕は、前世やいくつもの過去世という魂の歴史を断片的に覚えています。

普通この世に生まれるときは、生まれる前の記憶をすべて忘れてきますが、僕は今世の役割のためなのか、以前の記憶を持っています。だんだん思い出してきたと言ったほうが正しいかもしれません。これは、とても不思議な感覚を伴います。僕は今世「並木良和」という人生を生きているわけですが、男として女として、ともに様々な時代のそれぞれの体験を知っていて、この人生では体験していないことも体感でわかるのです。いってみれば、一つの人生で、何人もの人生を生きているような感覚です。

いま地球には霊的な感受性の豊かな子どもがたくさん生まれてきています。とりわけ二〇一二年以降に生まれた子どもたちはこの惑星に対して大きな役割をもって生まれてきています。子どもたちが僕のように過去世の記憶を話したり、霊的なものを見たり感じたりするときは、たとえ信じられなくても、「嘘をつくのはやめなさい」とか「そんなことを口にしてはいけない」などと頭から否定しないでください。そうした対応をしてしまうと、子どもたちの持って生まれた才能や能力を潰してしまうことになりかねません。否定され潰されてしまった子どもがたくさんいます。

まずは、「よくわからないけど、あなたにはそう見えるのね」と受け入れてあげてください。子どもたちは自分がどうすればいいかをすでに知っています。その芽を摘んでしまうのではなく、信頼の目で見守ってあげてください。こうした感性は、地球に住む僕たちすべてにとっての大切なギフトになり得るからです。

断片的なものも含めると、僕には三十ほどの前世や過去世の記憶があります。

物乞いをしていたとき、国王の妃《きさき》であったとき、海賊だったとき、僧侶や修道士、そして司祭や司教だったとき、王族のための料理人だったとき——あげればキリがないほど様々な人生を生きてきました。なかでも鮮明な記憶にあるのは、ヒーラーや神官、そしてシャーマンや霊能者として生きた記憶です。

そのテーマは、世の中の真実を伝え、人々の進むべき方向性を指し示すことでした。そのためには目先の現実だけではなく、カルマという人間の過去の行ないを知ることが大切でした。今世、僕が霊能者の道を選択したのも、そうした過去世での経験が色濃く反映していると思っています。

自分の過去世をふり返ると、本当にたくさんの役を演じてきたのだなと思います。魂の成長のため、そのときどきに必要な役柄を演じ、カルマに応じた課題をクリアーしてきたのです。課題を持ち越すこともありましたが、それでも着々と進んできたのです。それは、誰もがそうです。人間はあらゆることを経験し、いくつもの苦難を乗り越えてきました。歴史上、人類はありとあらゆる困難に見舞われましたが、あなたもその一ページを体験しているかもしれません。

ある男性のリーディング中に、飢饉を経験した過去世を視たことがあります。人が飢餓に陥ると、こんなに恐ろしいことになるのか！　これが歴史上本当に起こったのか！　と言葉に表現できないほどの情景が広がり、あまりのショックでしばらくしゃべることもできませんでしたが、まさに地獄でした。でも、もしあなたが、この男性が乗り越えてきたような出来事を体感できたら、現在の苦労など乗り越えられないわけがないのです。

ふり返ると、どの過去世も一瞬でした。どれもこれも、瞬きするほどのほんのわずかな一瞬です。僕たちはそうして、輪廻転生という魂の歴史をくり返し経験しながら、今という時のための準備をしてきたのです。

人生はいつでもやり直せる

自分の過去世を振り返って何より印象的なのは、当たり前と思われるかもしれませんが、人は死ぬ――という事実です。

どんな業績やどんな名声を遺したとしても、あるいは平凡な人生だったとしても、その人はやがて死を迎えます。これはある意味、「祝福」です。

人生が、もうどうにもならないと感じるとき、カルマの解消が困難になってしまったとき、肉体の損傷が激しいとき、すでに今世でやるべきことを終えてしまったとき、人は一度リセットして、新たな肉体と、新たな環境や関係性の中でその続きができるのです。今度は、もっと慎重に準備をしてくるかもしれません。前の経験を活かして、より上手に立ち振る舞うかもしれません。つまり人は、何度でもやり直すチャンスが与えられているのです。

ところが多くの人が、人生は一度きりだと信じています。

すると、失敗しないように、間違わないように、できるだけ安定するように――と無難な人生を歩こうとします。やり直しがきかないから必要以上に慎重になります。でも、それでは「本当に」望む人生など生きられるはずもありません。今世に持ち越してきた課題にチャレンジすることもままなりません。逆に、一度きりの人生だから思いっきり生きようと大胆になる人もいるでしょう。

何が言いたいかというと、人生は真剣にはなっても、深刻になる必要はないということです。魂は永遠であり、いつでもどこからでもやり直しがきくのですから。もちろん、この人生もです。だからいい加減に生きればよいのですと言っているのではありません。肩の力を抜きましょうと提案しているのです。リラックスは良い集中力を導き、パフォーマンス力を高めます。そうやって生きるほうがはるかにうまくいきます。そうした視点を取り入れることで、自分の過去世にアクセスしやすくなり、有益な情報を得ることができるようになるかもしれないのです。

あなたは、何を選択しますか？

自分が周囲と比べて一風変わった子どもなのではないかと気づいて以来、僕はずっと自分に向き合ってきました。

「自分は何者なのだろう？」――僕はずっとそれを問い続けてきました。あるとき、自分の現実を創っているのはほかならぬ自分自身であると気づきました。こうした道を選んだのも、今こうしている状況も、何もかもが自分の責任であることを、はっきり悟りました。九九％ではなく一〇〇％です。社会のせい、親のせい、誰のせいでもありません。ありとあらゆることが一〇〇％自分の責任であるとわかりました。

何かや誰かのせいにするのは簡単なことです。しかしそれは、常にその何かや誰かの犠牲者であり続ける人生を生きることを意味しているのです。そのバイブレーションは、それを反映する様々な状況を自分の現実に確実に映し出します。でも一旦自身の責任を受け入れることで、そのベクトルが変化しはじめるのです。それは、自分が自分の人生の主人公になって、望む人生を創っていく意識になることにほかなりません。

勘違いしないでほしいのは、自分に責任があるというのは、あれもこれも自分が悪いと罪の意識を持つことではありません。自分次第で、自分の人生を変革していくことができる「自由」を手にするということです。自由であることには、当然、責任が伴います。

僕は自分の本質とつながることで、だんだん意識が上がっていくのがわかりました。子ども時代を過ぎ、整体師を経て、この道に入ってからは、いろいろな物ごとが、それまでよりも、もっと大きな観点で観えるようになりました。

宇宙意識から物ごとを捉える意識が復活してきたのです。もちろん今までお話ししてきたように、こうした意識とのつながりを誰もが持っています。ただ、普段は目隠しされている状態のため観えないだけなのです。統合することで意識の周波数を上げ、その目隠しが外れると、「なんだ、真実はこうなっていたんだ！」とはっきり観えてくるようになります。実際、統合のクラスを受けている生徒さんたちは、僕が話していることを最初は頭だけで理解しがちなのですが、統合が進むにつれて周波数がどんどん上がってくると、「言われた意味が、やっと体感としてわかりました！」と目を輝かせます。それがとても印象的で、目に見えて変化することを確認できる、嬉しい瞬間でもあります。

目醒めにも段階があります。これは優劣ではなく状態の違いだけなのですが、幻想のベールの外れ方は、人それぞれです。でも、もう目を醒ますと決めたら、現実という日常のあらゆる瞬間を使って統合してください。そうすることで、あなたの目醒めのプロセスは加速され、どんどん制限の次元がもたらす幻想から抜けていくことになるでしょう。そして、その段階は無限です。つまり可能な限りどこまでも広がっていってよいのです。

実際、統合して意識が上がると、広々とした時空間に出ます。さらにそれを進めて後ろを振り返ると、あんな狭いところにどうやって収まっていたんだろうと、驚くことになります。その不思議を、あなたも体験することになるでしょう。

アセンデッド・マスターたちから、アセンション後の地球や人類の在り方を、体感を伴うビジョンで視せてもらったのは八年ほど前のことです。あれ以来、僕はそこに向けての変化をますます実感できるようになりました。アセンションなんて言ったって、何も変わっていないじゃないか、アセンションなんてのんきなことを言っているほど暇ではない——と思う人もいるかもしれません。

そこで大切なポイントの一つを添えておきます。

アセンションは、自然のサイクルそのものです。この流れに乗るか乗らないかは、完全に自分自身の選択に委ねられています。結婚式の招待状のように、アセンションへの招待状がいま宇宙から地球のすべての人々に等しく送られて来ていますが、それを決めるのは、ほかならないあなたです。

地球はすでにその流れに乗ることを決めていて、日々、地球自身の周波数をどんどん上げています。だからこそ、いま地球上では、その調整のためにこれまで経験したことのなかったような変化に見舞われているのです。毎日の報道を見れば、それは明らかでしょう。今までで彼女は地上の僕たちに、無条件に惜しみなく様々なものを与えてくれました。でも、彼女はもう上がることを「決めた」ので、僕たち全員がその波に乗るのを待つことはしないとも決めたのです。彼女は僕たちすべてに無条件の愛を注ぎ、一緒に引き上がることを望んでいますが、もう待つことはしません。

ではアセンションの波に乗らない人はどうなるのでしょうか?

地球はこれから五次元以上へと波動を上げていこうとしている生命体です。ですので、その波動に馴染めなければ、地球にはいられないことになってしまいます。これは排他的という意味ではなく、単に周波数の違いによって同調できなくなるということです。生まれ変わるときには、この地球ではなく、地球と似たような三次元の惑星に転生することになるかもしれません。そこで自分自身で改めてアセンションのプロセスを進めていくことになるでしょう。あるいはその気があれば、向こう側(霊界)でトレーニングを積み、新しい地球に相応しい周波数まで上げることで、再び地球に生まれ変わってくることもありえます。前にもお話ししたように、やり直すことはできますから。

今という時代には、すべてのカルマを解消し、肉体を持ったままアセンションできるかってないチャンスが与えられています。善悪でも優劣でもなく、あなたはただ、「何を選択したいですか?」と問われているのです。

その前に、まず悟り――真実に目醒める――があります。それが、宇宙意識(ハイヤーセルフ)につながり、目を醒ましていくということです。この時代は、何十年も瞑想したり、難行苦行を経なければ悟りを得られないという時代ではありません。僕たちの魂がこの地球に降り立ち、何世紀も使い続けてきた本来の自分のものではないバイブレーションを手放すことで周波数が上がり、あなたは自然に本来の自分へ還っていくことになるのです。

変化の流れが加速するなか、僕自身もまた、さらに先へと歩みを進めています。それと同時に僕のガイドたちの入れ替わりも起こり、転換期を迎えています。統合を始めた頃は、自分が上がっていくと誰かを置いていくのではないかという罪悪感のようなものが浮いてきて進むことを躊躇していた時期もありましたが、その罪悪感こそを手放していく必要があるのです。手放すために僕のハイヤーセルフが、それを見せてくれていたのです。僕はそうしたバイブレーションが出てくるたびに、それを手放し、周波数を上げていきました。そこで観えてきたことは、誰かを置いていくという思いや罪の意識自体が、エゴ（幻想）であること、その考え方自体、本来一〇〇％の力を持つ完全な意識である相手の存在をまったく認めていなかったということでした。それにはっきり気づいて、僕はすべてを手放して上がっていこうと心を決めたのです。

宇宙意識につながればつながるほど、あなたは高い周波数の「電波」を発信します。その電波をキャッチした人たちが、同じ流れに乗ることを選択し、懐かしい自分本来の周波数を頼りに上がっていきます。僕の周りでは、そうしたことがたくさん起こっています。ですから、もう誰かが上がってくるのを待ったり、引き上げようとするのではなく、自分自身に集中し、まずあなたが目を醒ましていってください。それが、いちばんの奉仕であり、最大の恩恵になるのですから。

それでは次にお会いするときは、制限の影響から外れた、雄大なプラチナ・シルバーのフィールドの上でお会いしましょう。すべての意識が一つである、あの素晴らしい時空間の中で……。

目醒まし時計の音色が鳴り響き、それを待っているたくさんの人々に届きますように。

ありがとうございます。

並木良和

（解説）

ありがたい不思議

小坂　正

ある患者さんから並木良和さんのことを聞いた。

数ヵ月後、並木さんの講演会の録音をいただいた。ただならぬ予感を感じていたので、早速パソコンのハードディスクにＣＤを入れて、診察の合間にエンドレスで聞いた。通勤の往復でも聞き浸っていた。並木さんはとんでもない話をこともなげに、当たり前のように、明るく軽やかに話している。話の内容と話し手の若さ、軽やかさのギャップが印象的で、新鮮で新時代を感じさせる。四十歳になったばかりという並木さんの年齢を考えると、自分は地球土着人、まるで老人だと感じられる。なるほど、新しいものはこのように登場するのだろう。拒絶どころか、彼の話を受け入れて、消化吸収したいと思った。

彼は本当のことを言っている。天使やガイド、そしてハイヤーセルフから得た本物の情報を話している。諸事万端に通じたとびっきりの霊能者の話を聞いているように、ズシズシとその内容が響いてきた。さらに二つの録音をもらった。やはりとんでもない内容だった。世間でいうスピリチュアル系の話がてんこ盛りだった。これはすごい。彼が人間なら、僕はお猿さんだ。僕が人間なら、彼は天使だ。毎日聞き浸ることで、並木さんの言っていることが心身に沁み込んでくる。自然に入ってくる。六十五年間の僕の人生経験とは異質の内容が、自分の内に自然に落ち着くのを待った。

並木さんのシンボルヒーリング（この本では取り上げられていない）のワークショップがあると聞いて、僕はしばらく躊躇していた。僕は整形外科医だが、気功で患者さんを治療できるようになってからもう九年になる。その間、なぜ、どうして患者さんが気功で治るのかと考えても考えてもわからず、自分で苦しんだ。並木さんのシンボルヒーリングを聴いて、また同じように煩悶するのは避けたい気持ちがあった。ワークショップで並木さんの話を聴いてしまったら、それに捕まって、もう逃げられなくなってしまう予感があった。

脊髄マヒの患者さんが僕の覚えたての気功で治ってしまったことがあった。それが医者としての僕の人生を嬉しくも狂わせた。僕が気功を始めたのは佐藤眞志先生の「スピリチュアル気功」に出会って、気功は本当にあると知ったからだ。整形外科の診療ではスピリチュアル気功は使いかねていたが、結局実感したのは、我流でも相手に触れば治る、ということだった。

しかしとうとう参加を決めた。並木さんのヒーリングとはどういうものだろう。シンボルヒーリングとはどういうものだろう。

古《いにしえ》の本格的な由緒正しいヒーリング。並木さんの「アトランティスのシンボルヒーリング」に触れたいという気持ちは抑えられなかった。同時に心の準備が大変だった。およそ二ヵ月間並木さんの講演録に浸って生きていたので、彼に会ってしまうとただでは済まないとわかっていた。心身を刷新しなくてはいけなくなる、そんな躊躇があった。

ワークショップで最前列に座って彼を見、話を聞いてショックを受けた。二ヵ月かけて知ったつもりの彼ではなかった。目の前にはまったく別の並木さんがいた。本当にこんな人がこの今の日本に普通に人間として生きていたのか。信じられなかった。宇宙の真実をこんなに気楽に簡単に話せるのか。年齢不詳、性別不詳といわれる華奢な人が、大人物でもなく、偉丈夫でもなく、周囲を圧する異人でもなく、普通の人間として目の前にいた。その存在の軽やかさに驚いた。そんなに楽に存在できるのか。この人は地球上の人間ではない。この人と喧嘩することはありえない。悪印象を持つことはできない。嫌うことはないだろう。衝突のない世界を感じた。

幕末の人々はジョン万次郎の語るアメリカの話を伝え聞いて驚愕したが、ジョン万次郎と直に会い、身分制から解放されたその自由な振る舞いを見て、あらためて大いなるショックを受けた——そんな感じだった。異界の話を耳にしてはいても、それを体現している人に直面すると誰だって衝撃をうける。そこにただいる彼の存在がその話の真実を担保する。ガイドを、天使を、アセンデッド・マスターを並木さんは語ったが、僕にはまったくわからない。しかし彼がその世界にいること、その次元で生きていることはわかる。

シンボルヒーリングのワークショップだったが、彼を生で体験できたことだけで十二分だった。いろいろな人と出会ってきたつもりでいたが、彼のような存在は初めてだった。こんな人間のあり様は想像したこともなかった。昼食の一時間を挟んで朝の十時から夕方五時まで並木さんはエネルギッシュに話し続けたが、まったく疲れを感じさせない。肉体で活動している感じではない。身体の頑健さではない。頭脳を回転させているのではない。ただ使命感で動いている。善意、親切心で教えている。そこに誠意を感じる。教えたいことを無限に持っている。新しい世界を紹介している。

今までと同じ人間として生きていけないと感じる。

変わらずにいることは不可能と感じる。逃げられない。

その後、「個人セッション」という、私的な相談と並木さんの対応を記録したＣＤを拝聴する機会を得たが、あらためてその能力に感じ入った。質問が終わる前に、並木さんは答えをもっていて即答する。何にでも即答する。何でも知っているようだ。しかもそのトーンには脅しや恐怖感を感じさせない。怖くない。ネガティブな回答は一切出ない。果てしなく親切で優しい。それは彼の個人的な優しさだけではなく、宇宙の優しさを伝えている。宗教も神も仏もいらない。それ以前に宇宙は優しい。僕は個人セッションをうける必要を感じない。誰もかれも優しく見守られているのがわかる。救いは最初からあったのだ。

後日、並木さんと出会い、ガイドを付けてもらったことで、生きていく展望が開けたという若い娘さんのことを、その母親から聞いた。

躁鬱で、人前に出られない、団体行動ができない、自傷行為をくり返す。何年も、何人もの精神科の医師に通い、超能力者のところまで足を運んだが、娘は変わらなかった。人伝えに並木さんのことを知った。宇宙とつながった並木さんに会って話をしただけで、娘を助けてもらった。並木さんと会って以来、娘は本当に変わったという。娘の変化をずっと見ていた母親はこんなふうに言った。

「それまでの精神科の先生方は真剣に娘と向き合ってくれました。限界ぎりぎりまで懸命に尽くしてくださったと思います。並木先生はその限界をはるかに超えて、いろいろご存じだったのです。崖っぷちにいた私たちを救ってくれました」

またある内科医は、並木さんのシンボルヒーリングを実際に患者さんに適用してみて、「治療の限界を飛び越えました。患者さんが勝手に自分で治っていくのです」と。

別のある鍼灸師は、ワークショップの録音と資料で自習しただけで、奇跡といいたいような結果を出したそうだ。心不全の患者さんが、下肢がパンパンに浮腫《むく》んで座るのも立つのもむずかしかったのが、シンボルヒーリングをしてみると、浮腫みが退いて動くのが楽になったという。「先生の手は神の手です」と感謝されたそうだ。

並木さんは自らの神業を誇るでもなく、誰でもできることを示してくれた。それが素晴らしい。

「光の磁場、宇宙意識、目醒める、決断する」

これが並木さんのキーワードだと思う。

地上の同次元の、同レベルの意識ではわからないことを、並木さんは自分が生きている宇宙意識から説く。彼は宇宙意識で生きていて、そこから真実を話す。今まであったスピリチュアルの世界は、僕には小さな断片の集積のようで、「群盲象を撫でる」という取りとめのない感じだったが、並木さんは初めて広い全体像を示してくれた。軽やかにも力強く。これは本当の「救い」だ。

僕は、神に近い独創性を発揮したミルトン・エリクソン（アメリカの著名な催眠心理療法家。ブリーフセラピーの祖）を、人間として最高の治療家として尊敬しているが、並木さんは人間を超えている。次元が違う。光の磁場のモーツァルトだと思う。僕は少しでも並木さんに近づきたいと思っている。

（こさか・ただし　小坂整形外科院長）

並木良和（なみき・よしかず）

1974年9月12日 東京生まれ。スピリチュアル・カウンセラー兼ヒーラー。幼少の頃より霊的な世界に通じ、高校入学と同時に、霊能者船越富起子氏に師事、約10年の研鑽を重ねる。その後、天使界・神界からの導きで、2006年より本格的にサイキック（霊能力者）としてリーディング（霊視）を開始。現在、守護霊（ガイド）たちからのメッセージを伝える個人セッションをはじめ、スピリチュアルな叡智やテクニックを日常に役立てるセミナー等を開催中。またライトワーカー（地上に光を広める者）として世界各地のパワー・スポットを巡っている。本書は第一作。http://www.heartniks.com

ほら起《お》きて！ 目醒《めざ》まし時計《どけい》が鳴《な》ってるよ

初刷 2015年2月25日
九刷 2020年3月25日

著者 並《なみ》木《き》良《よし》和《かず》

発行人 山平松生

発行所 株式会社 風雲舎

〒162-0805 東京都新宿区矢来町122 矢来第二ビル
電話 〇三-三二六九-一五一五（代）
FAX 〇三-三二六九-一六〇六
振替 〇〇一六〇-一-七二七七七六
URL http://www.fuun-sha.co.jp/
E-mail mail@fuun-sha.co.jp

DTP 株式会社ワイズファクトリー
印刷 真生印刷株式会社
製本 株式会社 難波製本

ISBN978-4-938939-79-3

風雲舎の本

遺稿 淡々と生きる
——人生のシナリオは決まっているから——

小林正観

「ああ、自分はまだまだだった……」天皇が元旦に祈る言葉と、正岡子規が病床で発した言葉は、死と向き合う著者に衝撃を与えた。そして、到達した「友人知人の病苦を肩代わりする」という新境地。澄み切ったラストメッセージ。

四六判並製◎［本体１４２９円＋税］

予定調和から連鎖調和へ
——アセンション後、世界はどう変わったか——

（ノートルダム清心女子大学教授）保江邦夫

世界が変わった！ そこは、連鎖調和から生まれる願いがかなう世界。
そこは、時空を超えた調和のあるいい世界。
僕らは今、その裂け目の真っただ中にいる！

四六判並製◎［本体１４２９円＋税］

神様につながった電話
——我を消すと、神が降りてくる——

（ノートルダム清心女子大学教授）保江邦夫

サムハラ龍王、次いでマリア様の愛が入ってきた。
神のお出ましは何を示唆しているのか。
——時代は急を告げている！

四六判上製◎［本体１５００円＋税］

痩せるなんてかんたんよ
——痩せるも太るも、「細胞呼吸法」しだい——

（吐納法とミトコンドリアを結んだ工学博士）曽紅

吐納法であなたの脂肪は体力、体温、ホルモンに変わります。
吐納法という究極の若返りダイエットです。

四六判並製◎［本体１５００円＋税］

65点の君が好き
——弱虫先生の日記帳——

（小学校教諭）加藤久雄

いいかい、誰かと競争するんじゃなく、
ずっと自分の「大好き」を
深めていくんだよ。

四六判並製◎［本体１５００円＋税］